一 本 聚 焦 热 爱 变 现 的 财 商 故 事 书

公子伊 ———————— 著

热爱点亮人生

ENTHUSIASM
BRIGHTENS YOUR LIFE

上海交通大学出版社
SHANGHAI JIAO TONG UNIVERSITY PRESS

内容提要

这是一本聚焦变现的财商故事书。本书主要通过介绍"热爱型商业模式"5步法，结合有趣生动的真实故事，带领读者拓宽热爱变现的商业思维。本书的案例将帮助读者构建出适合自己发展的个人商业模式，见证一场梦想和商业的双向奔赴！

图书在版编目（CIP）数据

热爱点亮人生：一本聚焦热爱变现的财商故事书 /
公子伊著 . —上海：上海交通大学出版社，2023.5
ISBN 978-7-313-28625-3

Ⅰ.①热…　Ⅱ.①公…　Ⅲ.①投资—通俗读物　Ⅳ.
①F830.59-49

中国国家版本馆CIP数据核字〔2023〕第071454号

热爱点亮人生：一本聚焦热爱变现的财商故事书
RE'AI DIANLIANG RENSHENG：
YIBEN JUJIAO RE'AI BIANXIAN DE CAISHANG GUSHISHU

著　　者：公子伊	
出版发行：上海交通大学出版社	地　　址：上海市番禺路951号
邮政编码：200030	电　　话：021-64071208
印　　制：上海文浩包装科技有限公司	经　　销：全国新华书店
开　　本：880mm×1230mm　1/32	印　　张：8.375
字　　数：159千字	
版　　次：2023年5月第1版	印　　次：2023年5月第1次印刷
书　　号：ISBN 978-7-313-28625-3	
定　　价：38.00元	

献给点亮我生命的朋友们

自　序

我在 18 岁的时候，就有一个梦想，立志要成为一名优秀的演说家。

为了让自己成为一个有故事的人，2018 年我踏上了探寻《一百种生活》的道路，住进当地人的家里和他们一起生活，收集不同的人生样本。很长一段时间里，我以为旅行就是我所热爱的事情。随着年龄和阅历的增长，我在各式各样的样本里学习、凝练，直到渐渐清晰了自己的样本。

我意识到自己对于那些"找到自己热爱的事业"的人和故事非常感兴趣，我总是会竖起"天线"收集那些充满创意的"兴趣与谋生"相结合的变现方式，我为具有创始人个人特色的商业模式拍案叫绝。我是在收集人生体验的路上，才明确了自己真正的热爱，那就是研究热爱可以如何变现的方法。

当我看到一个商业想法时，我能快速地联想到很多关键点并配上执行方案——我才终于意识到，我真正的天赋是研究如何通过热爱赚到钱。我所寻找的 100 种生活，准确来说更像是"100 个实现了个人价值，并主动创造出了理想生活的人"的故事，是一个个"热爱点亮人生"的故事。

热爱房车的童哥，边摆摊边开房车环游世界，成为一名旅行商人；热爱自由工作的凯瑟琳和多里斯（Doris），创建了付费自由职业社区，为无数人带来工作自由；热爱中国奶奶的何大令，打造出了千万级银发族 IP 时尚奶奶团；热爱写作的李欣频，发现了文字变现的各种创意；热爱手账的王潇，开创了十年趁早效率手册，为百万女性建立正向生活方式……只有在做自己真正喜欢的事，我们的时间才变得有意义。

通过这几年数以百计的样本研究，我发现被热爱点亮的人生，需要经历两个阶段：一是发现自己真正的热爱是什么，二是将这份热爱发展成自己的事业。同样是点亮，却是不同程度的燃烧。

如果你见过那些"把热爱变成事业"的人，他们身上散发的生命力，真的会让人不由自主地走进他们自己所创造的"世界"。你会感叹："啊！原来还可以这样生活。"既能享受自己的生活，又能热爱自己的工作，获得良好的人际关系和财富回报，这不就是实现真正的自我价值吗？

关于热爱变现，我认为这个世界上存在三类人：第一种人是不知道自己究竟热爱什么，也可以安安稳稳地过完这一生；第二种人是有强烈的愿望想去找到自己所热爱的事情，希望生活里能有点激情，但只想作为个人爱好来发展；第三种人是很希望自己能找到热爱的事情，并且明确想把这份热爱发展成终身事业。这本书其实更像是写给第三种人，启发他们如何通过自己的热爱打造或找到真正喜欢的事业。

但我写这本书并不是让读者们一定要通过自己的热爱来创业，因为你甚至可能在职场里发现公司在做的事就是你最想做的，这也是你的热爱型商业模式。在这本书里我有提到"996"上班族金金是如何从打工人做到合伙人，职业经理人赵亚（Jenny）是如何每年提加薪甚至最后向老板争取到了带薪读完 MBA、大理诗人尹川边上班也出版了两本诗集……他们的故事让我看到，一个人如果在职场里找对了自己热爱的位置，同样可以活得非常精彩。

每个人都可以活在自己设计的人生里，每个人都有机会找到自己真正的热爱——只要你真的想去做。

2018 年，我带着背包寻找世界上的特色民居，把和不同的当地人一起生活的故事拍摄成了每期 10 分钟的名为《一百种生活》纪录片。有趣，是敢做自己想做的事，我真的去做了。

在陕北的窑洞里，我和素未谋面的贺爷爷夫妇一起生活在黄土高原里，在陕北民歌里度过了温暖的中秋节；在内蒙古深处的草原里，我和当地房东阿苏，一起在戈壁上野餐看日落；在大理，我和动物们一起生活，农场主小丽带我走进苍山深处的疗愈秘境，教我如何与大自然对话；在炎热的西双版纳，我和傣族房东萧岩在热带雨林里探险；在斯米兰船宿生活里，我和 24 位船客住进一艘船里，在海上漂泊五天四夜……每体验一种生活，就好像过了一次浓缩版的一生。

每次我都把自己放在不同的容器里观察新的形状，不断地扩展我对这个世界和自我的认知。很多年后，当我完成了《一百种生活》两季纪录片的创作，我却陷入了再次迷茫和创作的瓶颈期。我深深地意识到，如果再拍下去，很可能只是某种节奏上的重复，我必须做些更有意义的事情来突破自己。

不上班专心创作的这几年，我做过很多事情，我围绕着"一百种生活"开发的变现方式花样百出。但每当我被问及："你为什么要做这件事？"我发现自己只能回答："因为我想体验100种不同的生活方式。"这是我的初心，但我也在认真思考这"100种生活"的背后，我究竟要通过这些故事和观众讲一个怎样的观点？

有一天夜里，我拿出一张纸整理和写下了自己所有变现过的项目。我发现不上班的这几年，我竟然真的一直靠着"热爱变现"活了下来。说来也神奇，为了让自己的梦想能活下去，我充分地开发了自己的商业思维，我真是在探寻"热爱型商业模式"的道路上，开发了许许多多、奇奇怪怪的"变现"金点子啊！

比如，我喜欢看书，曾靠卖自己的读书笔记赚到过钱；我把自家客厅拿来利用，每周末收费招待客人一起做晚餐，边听故事边交朋友边赚了10万元；有期我拍摄富豪的生活，却意外开发了带向我付费的创业者们来富豪家学习的"巴菲特的晚餐"；我在拍摄纪录片经费捉襟见肘时，又想到了每期招募生活体验官做嘉宾，还开发了梦想制片人，收获了一些既帮我宣传内容又付费支持我的高端用户；上榜福布斯和胡润百富的榜单后，我为创始人企业家开发了榜单报名的咨询服务，成为时薪5位数的榜单咨询师，很多人也从我的变现方式里学到了新的方法，我从没想过自己还能在这方面影响他人。

回过头来重新看这些变现点，直到今天我才发现了它们一直都有一个共性。它们基本上都是围绕着"我本身就热爱并且擅长的事情"，最后打包成"用户的某种需求"，变成了可以销售的产品。我恍然大悟，原来我真正热爱的是研究热爱变现。

我关了灯，回到床上去。夜晚，我的心怦怦直跳，就在这时，我的心里忽然跑出了这样的一句话："原来这才是我的本命事业。"

我是在走过很多弯路后，才辨认出了自己真正的热爱。如今我终于明白，这一路上的点滴是如何串联起了完整的体系。为了把我是如何发掘自己真正的热爱以及用热爱变现的方法分享出来，于是我写了这本书。但书里的主人公不止我一个，我还收集了那些比我更厉害，通过自己的热爱成功赚到了第一桶金并成就终身事业的真实故事。每一个主人公都找到了自己的热爱型商业模式，是他们的故事激励了我，而现在他们也在激励着更多人勇敢追梦。

这个世界上有一种游戏规则，只为真正懂它的人发现。

如果你想找到自己真正的热爱，想通过自己的热爱赚到钱，欢迎和我一起进入书里，体验充满热爱的滚烫人生。这本书会帮助你找到自己真正的热爱，以及启发你如何通过热爱赚到钱。当你决定真正活出自己时，你就会意识到原来我们每个人的世界都是自己创造的。你不再想着改变整个世界，因为你终于明白，你是你自己世界里的唯一主人公，是你的每一个决定构成了你眼前的世界。

我大学时有一个学长，很多年前他在大学里对那个还懵懂迷茫的我说："而你不同，你的生命本身就是要绽放的。"这句话至今都能让我瞬间热泪盈眶。是这句话，让我一直坚信自己注定是要"绽放的"，无论经历何种磨难，我必须绽放。这句鼓励我至今的话，我也想送给正在读这本书的你——而你不同，你的生命本身就是要绽放的。

如今，我是一名帮助用户通过热爱变现的商业创意顾问。未来，我希望还能到更远更广阔的世界，收集更多热爱变现的故事。我很想去看看，大家都是如何实现个人梦想的，他们为自己打造了一个怎样的世界。虽然我现在还没到达，但我相信未来这本书会帮我连接同类，带我到他们的身边。每一个充满热爱的人生，都活出了梦想本身。

愿你也能找到自己的热爱，点亮这仅此一次的人生。

公子伊

2022 年 6 月

目 录

附录 / 227

第一部分

热爱型商业模式的发现

热爱型商业模式的五步法，其实就是一张"帮助你实现梦想"的地图。你可以通过这张图来判断自己现在处于哪一个阶段，以及要如何突破。

　　史蒂夫·乔布斯说："成就一番伟业的唯一途径就是热爱自己的事业。"我越是深耕"热爱变现"的领域，我越是能收集到多种多样的梦想成真的方法，有越来越多的变现思路可以帮助人们实现梦想，点亮真正的人生。而我像一个发现了世界秘密的人，渴望把秘密分享给那些希望梦想成真的人，现在我想邀请你们一起加入这场圆梦派对！

　　到那时，每个人的梦想都不再只是一个遥不可及的梦，而是一张张能够有迹可循的地图。你终于清晰地知道自己是谁，这一生要去哪儿，要做成一件什么事，所有的时间都按照正确的方向流动着。

　　所以，从现在起，就去创造自己的"热爱型商业模式"吧！一个全然丰盛的人生正等待着你去点亮。

绪　言

　　同样是艺术界的顶级画家，梵·高和毕加索，一个终生穷困潦倒，一个生前就成为艺术界首富。都是对画画有着极致热爱的他们，为什么会拥有两种截然不同的命运呢？

　　梵·高在 16 岁的时候跟着伯父在画廊里画画，但他很快厌倦了兜售自己认为很差的作品，于是就被画廊解雇了。此后他一边画画，一边靠弟弟的接济才得以生存。梵·高的这一生过得极其窘迫，他生前只卖出过一幅画，死后才声名大噪。而毕加索因为善于商业化运作，生前就已经成为艺术界首富，也是唯一一个在世时看着自己的画作进入卢浮宫的画家。

　　毕加索是懂得将热爱变现的。他在自己还没有名气的时候，就常常跑到巴黎街头的咖啡馆，和陌生人说自己要画一幅画，开始铺设这幅画的创作背景和故事。他创作的故事让听的人充满期待，也吸引了很多潜在的买家。

　　当时的毕加索还没有名气，但为了提升自己的知名度，他雇用了几个大学生，让他们经常到大画廊里到处打听有没有毕加索的画作，于是画廊老板到处都在打听谁是毕加索。毕加索目的达成后，他就在这种时刻闪亮登场。而且毕加索每次约见画商们都是好几个一起来，但只容许一个画商进入他的办公室洽谈。画商们害怕毕加索的画被上一个人买走，于是争相出高价买画。就这样，毕加索的画价格被不停地炒作，而他本人的名气也随着画的价值越来越高。

不仅如此，毕加索的投资思维也很出巧。当时有个罗斯柴尔德家族想请毕加索设计一个葡萄酒的酒标，一般来说出钱作画是一锤子买卖的事情，但毕加索就很聪明地把这笔报酬分成了两部分：一部分是设计费，另一部分是投资费。这样酒庄每卖出一瓶红酒，毕加索都能拿到分成。明明都是热爱画画，毕加索却充分地通过自己的热爱实现了商业价值。看完上面的故事，成为"梵·高"还是"毕加索"非常值得人深思。

我很欣赏梵·高的艺术，但我更想成为毕加索，像他一样在有生之年就将自己的热爱变现。

毕加索和梵·高的不同，就在于毕加索十分擅长设计自己的"热爱型商业模式"。

"热爱型商业模式"即"热爱＋商业模式"。热爱是指你的优势和发自内心喜欢的事情，而商业模式则是一种通过什么途径或方式来赚钱的方式。"商业模式"这个词如今已经成为挂在创业者和风险投资者嘴边的一个流行名词，它第一次出现是在50年代，但直到90年代才开始被广泛使用和传播。饮料公司通过卖饮料来赚钱，快递公司通过送快递来赚钱，网络公司通过点击率来赚钱，通信公司通过收话费赚钱，超市通过平台和仓储来赚钱，等等。只要有赚钱的地方，就有商业模式存在。

为了能更具体地表达"热爱变现"的核心，我创建了"热爱型商业模式"这个概念，具体是指一个人通过自己的热爱和优势而设计出来的个人商业模式。这种模式通常是非常具有创始人个人特色的。如热爱旅行的人在旅途中与全世界做生意的商业模式，热爱写作的作家通过文字赚钱的商业模式，热爱演讲的人通过讲故事赚钱的商业模式，热爱画画的人通过文创变现或卖画的方式让作品具有市场价值的商业模式……硅谷知名投资人纳瓦尔说："人生是一场创业，你就是自己的产品。"如果你能找到自己的热爱型商业模式，你就可以把这份热爱的价值放大 100 倍。

为什么做一个名利双收的博主会成为众人羡慕的职业？仔细想想，我们真的渴望拥有他们的同款人生吗？其实真正吸引你的，是他们通过自己的热爱和优势赚到了钱，实现了自己真正的价值。名利都是外在的虚无光环，当你真的能把自己的热爱变成事业，这时的你不会再羡慕任何人，因为你已经知道如何更好地做自己。

这几年，我一直在寻找那些在自己热爱的领域里取得成功的主人公。我发现我对有才华、有热爱，而且很懂得变现赚钱的人很感兴趣。我从这些真实案例和自我的成长经历里提炼出了构建自己热爱型商业模式的五步法。同时，我还在各个城市做了很多场分享会，来进一步修正和验证这个理论，最终完善和奠定了热爱型商业模式理论。

我认为教育的真正目的，就是探索生命的真相，让每个生命都成为自己。但是真正要做到知行合一却并没有那么容易，而我也一直努力地走在这条路上，也希望最终能帮助更多人实现自我价值。

在经历近 5 年的商业模式研究中，我发现一个人要想真正地通过自己的热爱打造个人事业，必须经历五个步骤，才能真正构建起自己的热爱型商业模式，才能全方位点亮人生。

热爱型商业模式分为两个阶段，即第 1 阶段是"找到真正的热爱"；第 2 阶段是"热爱变现"。构建这个模式的五个步骤是：自我意识的觉醒—确定热爱—用热爱赚到第一桶金—打造代表作—商业模式闭环。

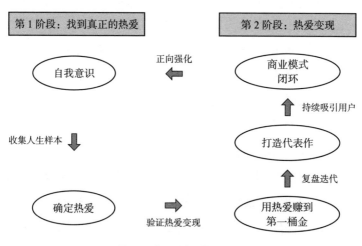

图 0-1　热爱型商业模式五步法

接下来，我们具体来拆解一下这五个步骤。你一共会经历两个阶段，即第 1 阶段"找到真正的热爱"和第 2 阶段"热爱变现"，分别对应点亮人生和持久地点亮人生两种含义。

第 1 阶段"找到真正的热爱"分为自我意识和确定热爱两部分。一个人只有自我意识觉醒后，才会想要去找自己的热爱。但热爱往往并不是你找到的，而是通过"收集人生样本"，在做了很多事情之后，你最终确认和辨别出了自己真正的热爱。当你走到了这一步时，你的人生已经被热爱点亮，但它仍然有可能消失，只是你心中的昙花一现。因为你的热爱和价值还没有形成一个良性的正向循环，还没有实现充分的燃烧。那么我们要如何正确释放热爱的价值呢？这时我们将会进入到第 2 阶段，即"热爱变现"，它能帮助你持久地点亮人生。

第 2 阶段"热爱变现"分为用热爱赚到第一桶金、打造代表作、商业模式的闭环三部分。这是从第 1 阶段里延伸发展而来的，是热爱的高阶版"热爱变现"部分。

当我们确认了自己想要打造成核心事业的热爱后，需要通过变现来验证这份热爱的市场价值，围绕王牌产品打造持续吸金的代表作。在这个过程里不断积累你的种子用户，最终根据用户的不同需求来打造商业模式的闭环。一旦这个闭环形成，就会正向强化你的自我意识，让你越来越坚信自己的热爱是有价值的，是被需要的。

这就是热爱型商业模式的五步法。如果你当下感到迷茫，一定是因为卡在了某一个环节上。我们可以通过上图来判断自己现在处在哪一个阶段，以及要如何突破。这张图其实就是一张"帮助你实现梦想"的地图。

本书就是按照这五步法来写的，每一章节对应了其中的一个环节，并且有很多生动有趣的故事，来刺激你进行多维度的自我思考。如果你已经度过了第1阶段"找到热爱"，也可以直接跳到第2阶段"热爱变现"。这本书是一本有趣有用的思维故事书，不同阶段的读者都能在这里找到点亮人生的方法。如果读者在读完某一个部分后会自发感慨道："噢！原来我是卡在了这里！"说明在这一章节里你找到了自己的解药。梳理我们的热爱型商业模式的过程，就像打通经脉一样，需要一节一节完成。要有耐心，同时更要用心。

史蒂夫·乔布斯说："成就一番伟业的唯一途径就是热爱自己的事业。"这本书里收集了很多聚焦热爱变现的财商故事，他们都取材于我身边的真实案例。正是因为他们亲手创造了最适合自己发展的热爱型商业模式，才能够让他们从容自信地拥抱自己热爱的生活。他们不受他人的压迫，而是尽兴地做自己最擅长的事，只专注于做好自己能做的、能为社会带来价值的工作。他们投身其中的热情，足以抵御这漫长的人生。

我越是深耕"热爱变现"这个领域，我越能收集到多种多样的梦想成真的方法，有越来越多的变现思路可以帮助人们实现梦想，点亮真正的人生。我像一个发现了世界秘密的人，渴望把秘密分享给那些希望梦想成真的人，现在我想邀请你们一起加入这场圆梦派对！将来，每个人的梦想都不再只是一个遥不可及的梦，而是一张张能够有迹可循的地图。你终于清晰地知道自己是谁，这一生要去哪儿，要做成一件什么样的事，所有的时间都按照正确的方向流动着。

所以从现在起，就去创造自己的热爱型商业模式吧！一个全然丰盛的人生正等待着你去点亮。

第 1 章

自我意识的觉醒

热到极致时，迎面的每一丝风都是凉的。

自我意识的觉醒是"热爱型商业模式五步法"的第一步。

一个人只有经历了真正的痛之后，才会清醒过来想去找到自己的热爱。自我意识的觉醒，可以帮助你唤醒"想要去寻找热爱"的信念，最终通过热爱点亮一个全新的人生。

简单心理的一项调研显示，60% 的受访者都有不同程度的职业倦怠，表现为情绪耗竭、低个人成就感、去人格化等。有 50.89% 的人在工作中感受到"无意义"，这种在工作中所感受到的倦怠和无意义常常会蔓延至日常生活各个角落，在重复的日子里我们很难再感受喜悦、快乐和着迷。

如果你也厌倦了日复一日的生活，不妨问问自己：是不是还没有找到自己真正的热爱？是不是还没有真正清醒过来？是不是还处在"忍受当下"的生存阶段？痛苦说明你当下是清醒的，浑浑噩噩的人是不会痛苦的。

那么自我意识如何觉醒呢？在我找到"热爱的事业"的过程中离不开我人生中的第一个奇迹，而这个奇迹正是在一场痛苦与迷茫中孵化出来的。

1.1　15 万梦想基金的故事

那一年，我 21 岁。和所有在校的大学生一样，大四的开学给我们带来了铺天盖地的迷茫。那时的我对未来充满困惑，不知道自己以后要从事什么样的工作。大四开学第一天，辅导员站在讲台上做开学讲话，他告诉我们这学期只有 4 堂课，上完以后我们的大学课堂就结束了。我当时整个人呆在那里，走回宿舍的过程，我像丢了魂一样。对未来的迷茫和焦虑开始铺天盖地地朝我涌来，我第一次感到长大是一件这么令人恐惧的事。

大学时的我喜欢旅行，喜欢记录生活，但我不知道怎么把它变成自己的工作。特别是在上海的这几年，因为每次寒暑假我都会留在上海实习，渐渐地，我发现自己非常不适合职场的环境，我无法固定地待在格子间里，它完整地束缚了我的创造力和想象力。如果一辈子就这样待在职场里，这样的人生对我来说简直就是一场噩梦。我还没有成为自己想成为的人，就要成为一颗社会上的螺丝钉了吗？我不甘心，便无力地躺在宿舍床上每天以泪洗面，对未来又焦虑又迷茫。

哭到第四天晚上的时候，忽然我的脑海里闪现出一幅画面——那是一幅重症病人躺在 ICU 病房里打点滴的画面。我猛然惊醒，从床上坐了起来，额头上还冒着冷汗。这时，我的脑海里忽然跑出来一个声音："与其在迷茫和痛苦中度过大学的最后一年，不如把它当成是你生命中的最后一年去度过。所有你最想做还没能做的事情，都在这一年痛痛快快地完成它！"

那个重症病人的画面忽然间给了我巨大的勇气，那一刻我竟然不再害怕大学最后的迷茫了，我告诉自己："我的生命只剩下最后一年，我要最精彩地活着！"说罢，我从床上跳起来走到书桌前开启一盏灯。深夜里，我拿出了一张白纸，开始规划自己的未来。盯着这张白纸时，忽然我感觉自己像一个"神"，正在"安排我的命运"。我第一次意识到，原来我们的人生是可以被自己设计的！我想着："如果生命只剩下最后一年，我最想做一件什么事情呢？我最希望能给这个世界留下什么呢？"想了很久后，我发现自己很想留下一部关于旅行的纪录片。

说干就干，我在白纸上写下我的梦想。那时候连"一百种生活"这五个字的想法都还没有诞生，我只知道我想拍一部系列纪录片。我把这个想法从纸上再整理到电脑上，然后想：如果能有点钱让我出发就更好了。谁会给我这笔钱支持我的梦想呢？

于是，我做了整个计划里最重要的一步——在纸上罗列出了自己的人脉圈，思考有谁可以给我一笔赞助开始我的计划。我在"拍摄代表作纪录片"旁边画了一个大大的括号，开始思考潜在的"赞助人"。

我列了这样一个格式：

大 A（身份）70%（2 000～4 000 元）；

大 B（身份）90%（5 000 元）；

……

在罗列我的人脉圈的时候，我猛然想起了之前工作过的一家公司。那是一家在上海有着四十多家美容美发门店的企业，我曾在总部做过半年多的文案编辑工作。那个时候，我是整个公司里年纪最小的实习生。当时创始人徐总办公室的门正对着我的工位，所以大老板对我也并不陌生。我想或许可以找大老板徐总聊聊，也许能拿到一些赞助费。我当时想如果只能拿几千块让我出发一两期也是好的，后面再慢慢摸索商业模式。但光是想到这个，就又让我热血沸腾了。

就这样，我满怀激情地写下了自己人生中的第一份"商业计划书"，那几乎是份不成形的、幼稚想法堆叠的简陋word 文档，但它是我的梦想，没有什么比这张纸更重要了。我不知哪来的勇气，最后真的带着它回到了之前工作过的公司。

当你想要接近比你厉害的人的时候，最好的方法不是以粉丝心态去赞扬崇拜他，而是平等交流，大胆表达自己的价值。此时的我，不再只是一个小小的实习生，我是一个想要实现梦想的人！

那天，一排老总坐在我面前，我紧张极了。以前都是我听大老板开会讲话，这次自己要独自在老板们面前谈商业想法，我感觉自己有点蠢，更何况我以前在这家公司一直都只是实习生。可当时的我真是豁出去了！

这时，我又想起了那个重症病人的画面，忽然有一股勇气从心底里喷涌而出。原来一个人越是接近死亡，真的就会越勇敢。因为他连死都不怕，还怕什么呢？我把自己当成生命最后的圆梦人，脸不红心不跳地讲完了自己的梦想。一开始我都不知道自己在讲什么，但讲到我热爱的部分时，我居然一下子进入了心流，什么都不怕了，我越讲越流畅越自信，我的心脏怦怦地跳动着。我当时的脸一定很红，但我能感觉到自己的眼睛里充满了光。

终于讲完了，我看见身边的高管老板们一直在摇头，大老板一个人在那里沉默。我觉得没什么希望了，但我不遗憾。我正准备把打印好的计划书整理好转身就走时，徐总忽然开口："如果我给你 15 万，你能把这件事做好吗？"我转身看着他，那一刻久久说不出话来。那时候以为是我生命中平凡的一天，但如今想来却是改变我命运的一天。

徐总十年前白手起家，亲手打造了一个至今年收入过亿的美容美发公司。一直以来他就有一个梦想，希望等到自己有能力的时候可以去资助一些有梦想的年轻人。本来这个计划他打算 5 年之后再去完成，没想到刚好我就在这个时间点跳了出来。那一刻，或许是他看到了十年前创业的他自己，又或者是看到了未来的我。我说不清，但从他决定给我这笔钱去实现我想做的事情时，我真的相信这个世界上有一种东西叫"梦想"。

后来有一天，我的一个前同事发微信告诉我，大老板在年会上把我的故事讲给了他们公司的一千多名员工听。"一个实习生都能从我这里拿到 15 万，你们还有什么不可能的！"这句话激励了一千多名公司员工。我想，大老板也是很聪明的。

15 万虽然不多，但在那时候这笔钱确实改变了一个大四学生的人生。这对当时还在大四的我来说，意味着将有很长的一段时间我不用担心钱的事，可以完全放手去自由创造，做我最想做的那些事。我的人生来到了最富有创造力的阶段。

那天我回到学校后，走在林荫大道上，我看着周围的一切，忽然感到生命里一股说不出来的活力。校园里的风在空气里摩擦，阳光透过树隙在地上投下光斑，随风晃动。每个跟我擦身而过的同学，脸上都充满着笑容。这一切像一场梦，美得充满希望。明明上午出门的时候，我还是心怀忐忑和迷茫，到下午重新回学校时，我居然已经怀揣着 15 万的巨款！我忽然觉得人生好似一场盛大的游戏，永远不要对现状认输，永远相信希望就在下一个转角。我感到自己的人生充满了无限可能！

我在大四第一天的时候陷入巨大的痛苦和迷茫，第四天的时候决定为自己做点什么，第七天的时候我拥有了人生中的第一个创业项目和启动资金。当一个人一无所有时，反而无所不有。

人生是有趣的，你永远想不到未来会发生什么，关键是你需要一直在行动。很多时候，我们以为自己离梦想很远，但真正让我们恐惧的，其实是恐惧本身。只有我们行动了以后，才能体会到人生真正的乐趣。

真的很感谢我的天使投资人徐总，他在我一无所有的时候还全然相信我，放手让我去实现自己的梦想。我的父母，从最开始反对我离开职场，到看见有上海的企业家愿意掏真金白银支持他们女儿的梦想，他们也开始支持我，从精神上彻底让我做真正的自己，我才可以无所畏惧地去创造。

那时候的我其实并不知道这件事为我带来的不仅仅是钱，而是永恒的希望，是无数次遇到困境时告诉自己"再坚持一下，也许下一个就是转机"的乐观精神，是每当我感到人生黑暗时就会想起的温暖奇迹。是这件事构筑了我后来庞大的乐观精神，让我在无数次想要放弃的时候都能拥有再坚持下去的勇气和信念。我的人生，在那一刻被点亮了。

写这个故事的时候，文字几乎比脑海里的想法先跑出来，直到后来我情不自禁地写下了这段话——我希望等到自己 30 岁的时候，能够每年挑选几个有潜力的年轻人，让他们把梦想告诉我，然后每人给 15 万去打造一个自己的代表作，用作品影响社会。哪怕最终没能做成什么事业，也要尽情绽放自己的生命，就像是在帮助那些曾经迷茫的"我"。打造一个"15 万梦想基金"，这是我 30 岁的愿望。某种程度上这份能量的流动和延续，也是对曾经资助我旅行的企业家的回报。他当初这个小小的举动，给我的人生带来了很大的影响。我很想感谢他，让一个小女孩从此找到了真正想做的事，并且实现梦想。这种被逆天改命的感觉，我真的希望有更多的人能够体会到。

一个人真正想做一件事，是一定会做到的。如果他没有做到，那其实就是他没有那么想做。用"一张纸"拿到 15 万是我没想到的，但如果最开始我想都不敢想，又或者是想了却不去行动，那么现在的我恐怕还在办公室里毫无目标地痛苦着吧。

无论是拍摄《一百种生活》，还是在绝境中一次又一次用热爱型商业模式救自己，抑或是写这本书，人人都能想到，但真正做到的又是极少数。只有当你真正迈出那一步时，你会发现，一个人最大的障碍就是自我设限。去做你最想做的事情吧！除了自己，没有人可以给你设限！

1.2　发现天赋的顿悟时刻

如果说是大四的那一幕"重症病人躺在 ICU 病房里"的画面让我有了"必须要为自己做点什么"的顿悟，那么这种"自我觉醒"的开关在我们的人生里要出现得多一些，这样在我们每次要自我放弃、掉进被迫无聊的人生之前，才能狠狠地救我们一命。

有的顿悟会让你得到一些有趣的新灵感，而有的顿悟却会让你发现自己真正的天赋。这个过程很像"坠入爱河"，就像你找到了一个愿意为之奋斗毕生的理想伴侣。那一刻，在我们的这条生命长河里，你第一次找到了自己活着的意义，知道自己要往哪里去，希望最终活成什么样子。就是那个瞬间，你的人生被点亮了。往后你无比渴望能把这份热爱变成现实，因为这是对"天赋者"而言的真正的自由。

TED 演讲播放量第一的演说家肯·罗宾逊，历时几年在全世界收集那些通过自己的天赋实现梦想的真实故事，最终写成了《让天赋自由》这本书。在这本书里，作者收集了很多人在寻找热爱的道路上出现的"顿悟"时刻。是这些时刻，让主人公们终于意识到原来自己不是世界的配角，而是自己人生的主角。所以我必须要为自己做点什么来改变这一切。

书里有一位电台主持人发现天赋的顿悟时刻。当作者问他是如何开始自己的主播事业时，对方告诉他，在初中时他们全班参观了当地的电台。当其他同学都只是欢天喜地地参观时，他却觉得这一切都太神奇了！他一走进直播间就完全被吸引住了，并马上明白这就是自己一辈子都想做的事情。

这让我想起 2021 年上映的迪士尼动画电影《心灵奇旅》，男主乔治从小对任何事情都提不起兴趣，直到他的父亲有次带他去了一座地下酒吧，乔治看着台上的黑人演奏家，一下子就深深地被吸引住了，从此他立志要成为一名优秀的乐手。可以说当时的顿悟，几乎可以决定一个人一生要从事的事业方向。

判断天赋优势的方式，就是如果一件事对你来说就像玩耍一样轻松有趣，你甚至不用特意练习就能做得比大部分普通人都好，那么这极有可能是你的天赋。

《让天赋自由》这本书的作者肯·罗宾逊，从小生活在一个小镇上，他的哥哥 10 岁的时候就能够很快地把一辆摩托车全部拆了并重新组建起来。"他像是一位能听懂马语的驯马者一样，能听得懂引擎的声音，能准确地诊断出问题所在，并找出解决办法。"这段话的描述我简直太喜欢了。

"天赋是天生能力和个人热情的结合"。如果你做一件事只有能力没有热情，或者只有热情却没有能力实现它，这都不能算是你的天赋。

我读书时成绩一直处在中等水平，但因为我持续保持热爱学习和阅读的习惯，所以我的自我教育的能力不比当初同班的学霸们差。因为我爱自己，所以不能容许自己退步和认知退化。或许在读书时代，我的学习能力并没有被正确且真正地激发出来。但是成年后，出于对世界更多的好奇，我成了一名终身学习者，真正发自内心的喜爱阅读。

肯·罗宾逊又是如何发现自己的天赋呢？小时候的肯是一个对万事万物充满好奇的人，13 岁的时候，有一天他的表姐结婚，表哥们邀请肯做临时主持人介绍他们的节目，没想到他的表现受到了家人们一致的好评。也就是在那个时候，肯意识到自己或许喜欢面对公众。他在书里这样写道："就像天下所有的故事一样，我毫不自知的才华首先被别人发现了。"

高中时的肯，又参加了很多辩论赛和演讲比赛，他发现自己一旦站上演讲台，就能很快地放松下来并非常享受。"尽管我在演讲之前非常紧张，但从站上台的一瞬间开始，时间就会在我的演讲中飞逝。"后来肯·罗宾逊真的成了一位全球范围内被公众关注的演讲者，他现在的工作就是与人进行交流和合作。

这几年我"操盘"过文字、旅行、社交、讲故事、纪录片等不同领域从0到1变现的项目，却没有一个项目是我持之以恒坚持到底的。直到我发现自己在热爱变现的思维上极有天赋，我才意识到自己真正的优势就是帮助更多人发掘可以热爱变现的点，并把这些梦想成功的故事分享给更多人，而我现在的工作也是与人交流和接受咨询。

肯·罗宾逊还指出，顿悟时刻并不完全属于"一见钟情"，大部分人的天赋发现之旅更像是一个"日久生情"的过程。"当你发现自己热爱的东西正是自己习以为常的东西时，这本身也是一种顿悟。"

法国畅销书《自信的力量》里有一个我非常喜欢的章节，讲述了美国著名女歌手麦当娜·西科尼如何发现自己的天赋并最终成就一番事业的故事。

麦当娜小时候很内向，她从小在继母家里长大，无论自己怎么努力也无法在新的家庭里找到归属感。于是她很小的时候便开始学习钢琴和古典舞，但她一直认为自己在舞蹈上没什么天赋。直到她十几岁时，继母把她送到了底特律的一家天主教学校，她在那里遇到了改变她一生的舞蹈老师克里斯托福·弗林。

有一天，在麦当娜为芭蕾舞的期末考试刻苦排练时，弗林对她说了句从未有人对她说过的话："你很美，有天赋，还有一种令人如痴如狂的魅力。"许多年后麦当娜回忆道，正是这寥寥数语改变了她的人生。在此之前，她从来不觉得自己在舞蹈方面有天赋。遇见克里斯托福·弗林之前，她也有过其他钢琴和舞蹈老师，他们教会她许多技巧，然而没有一个人真正帮助她建立信心，告诉她自己是有天赋的。（夏尔·佩潘.自信的力量 [M].南昌：江西人民出版社，2019.）

有时候，我们需要身边的人点醒我们，帮助我们发现自己的天赋。那一刻你意识到这就是自己的热爱，人生就此被点亮。然而并不是所有人的天赋都能轻易被发现，更多时候那些被我们所忽视的天赋，恰恰是在你日积月累地不断收到正反馈中才深刻明白到的。甚至只是单纯热爱生活这一点，也是你与众不同的天赋。

皮克斯经典电影《心灵奇旅》里的灵魂二十二，她在"生之来处"体验了很多地球上有的乐趣后，仍然没有找到自己的梦想和火花。直到她跟随男主角乔治来到真正的地球上，真正地体验了一番人世间的美好后点燃了她对生活的热爱，这就是她的顿悟时刻。这部电影教会了很多人一个真理：当找不到梦想的时候，你对生活的热爱就是你的火花。

　　我大三那一年到台湾的中国文化大学（以下简称"文大"）做了半年的交换生，这是一段让我感到生命充满力量的时光。我在那里找到了自己的自我意识，并在自己喜欢的事情上赚到了钱。

　　中国文化大学建在台北的阳明山上，这所大学也是三毛的母校。在学校，每天都有看不完的日落、看不尽的彩虹和看不腻的夜景。每天下课后，只要走上一百米到一个广场上，就可以尽情地欣赏当天的日落。我当时的心情在文章里曾这样写道："如果一个人每天都能看到像今天一样的日落，那他这一天无论如何都没有白过了。"

　　有天晚上，我和朋友们走在文大的校园里，当时大概是晚上九点。我们忽然听到前方有一片广场上传来热闹的声音，出于好奇，我们绕过一片小树林，拐进去后，眼前浮现的景象让我们豁然开朗。没想到广场上聚满了文大的学生们，他们有跳舞的，有唱歌的，有排练节目的，有滑滑板的，等等。每个人白天上完课后，晚上就在这里释放真正的自己，他们的眼睛充满光芒。每一个人都在做自己最喜欢的事，身上洋溢着活脱脱的生命力。那一刻，我站在那里，热泪盈眶。一幅美妙的生命画卷在我面前鲜活地展开。我第一次觉得生命好美，我的人生被这份对生命的热爱彻底点亮了！那一刻，我便在心里告诉自己：我这一生一定要做自己喜欢的事，要活出自己的个性！

　　那是我"自我意识"的第一次觉醒，它更像是通过一个场景触动了某个开关。如果当时我没有看到那个场景，没有被他人对生命的热情影响，我后来绝不敢放手去做自己真正想做的事情。如果说那一幕场景激发了我的"自我意识"，那么之后在台湾求学的生活，更是强化了我"一定要活得有生命力"的信念。

我想再和大家分享一些在台湾求学的故事，我真的从这段时光里学到了很多生活的智慧。比如，台湾的老师上课从来不带教案，学生也没有课本。往往是老师想到什么就讲什么，因此讲的都是最有趣和最愿意和学生分享的知识干货。虽然没有课本，但学生从来不会在课上玩手机，因为老师都是用心在分享内容。这种专心致志让我很感动，并且在学校生活的每一天都滋养着我的眼睛和灵魂。于是，在我性格发展最关键的 20 岁，我就这样在台北的阳明山上生活了整整半年。

我印象最深刻的一堂课，是有一位老师在课上让我们看彩虹。那是我选修的一门广告创意课，教这门课的女老师是一个在国外留学多年且博士毕业的广告人，她非常有个性，讲话充满激情，我们都很喜欢听她说话。记得那一天文大下起了毛毛细雨，课上到一半雨停了。就在这时，这位老师突然让最后排的两个同学把窗帘拉起来。这时，一道长长的彩虹出现在了我们的眼前。全班惊呼！这道彩虹浮现在山林之中，连接着两栋建筑。我们望出了神。这时，老师在我们的身后静静地说道："你们看，这像不像是在欧洲瑞士的雨后小镇。"那一刻,我感到想象力原来真的可以把我们带到世界的任何一个角落。

后来老师居然连课也不上了,让我们静静地看了5分钟的彩虹!全班四十多个人在他们的座位上微微转身,将视线一起投在那道彩虹上,场面十分感人。我想,老师一定是在上课的时候,正好看到窗帘缝隙里隐隐约约的彩虹,才想把这份惊喜分享给我们。我喜欢这堂课,因为有时候我认为感受生活比上专业课更重要。后来我才知道,那天下午我们看到的彩虹,居然是破了吉尼斯世界纪录悬挂时间最长的彩虹,我们有幸见证了2017年的一个奇迹!这一切都要归功于那位有生活智慧的老师。

还有一天我在文大食堂吃饭,吃到一半时忽然跑进来十个学生。他们并排靠在墙边,面对着几百个食堂的学生。忽然,一个带头的同学按下了音响,于是这十个学生就活泼地跳起舞来。原先食堂里还是充满着乱糟糟的杂音,大家一下子都被他们的舞蹈吸引住了。他们跳了一分钟后,领舞的学生回到队伍里站成一排,每个人手牵手,大声地喊道:"10月12日下午3点,在大礼堂里有我们的活动,请大家一定要来捧场。"最后一起鞠躬,然后消失在人群里。那一刻我惊呆了。

一群人为了一个共同的目标,克服羞涩和尴尬,一起勇敢地做一件事的感觉真的很打动人。他们舞动的生命力非常触动我,也成功吸引了在场所有人,并且获得了大家的掌声。更重要的是，我们深刻地记住了 10 月 12 日下午要去的那个活动。

感谢在文大生活的这段时间，让我看见了那么多丰富的生命样本，更让我坚定此生一定要做一个有个性、活出自己生命力量的人。

我回到内地后，一直在思考为什么在台湾时，自己甚至身边其他做交换生的朋友们都活得那么有生命力？和几个朋友交流后我发现，正是因为当时的我们都知道自己会在什么时候离开台湾，所以我们从来到这里的第一天就开始倒数。我们来的那天就已知归期，所以每个人都给自己设置了一个期限去体验这段短暂的生活，才会让我们格外珍惜当下的每分每秒，从而活出了 10 倍的精彩。这种感觉，就像重症病人在生命的最后阶段，反而比普通人更真正勇敢地好好生活。

我想，如果我们每个人都能真正意识到自己终将会死去，那么一定不忍心继续让自己平庸地活着。

当时我为了能够在有限的时间里更好地体验台湾的当地生活和风景，甚至还萌生了在台湾打工赚钱的想法。因为很想周末的时候走遍台湾开拓眼界，但我又不想找爸妈拿钱去旅游，这样会充满罪恶感。我要怎么在台湾赚钱呢？我开始想办法。

在主动征得老师的同意后，我决定利用课余时间打零工，最开始有很多餐厅老板都拒绝了我。但我没有放弃，坚持寻找机会。

直到有一天，我在我们学校食堂里吃饭。饭席间，我抬头看见了一个头戴黑色帽子的大姐姐正在和一个学生打工妹说话，直觉告诉我："那个大姐姐一定就是这家餐厅的老板！"

我鼓起勇气过去和这位姐姐交谈，声情并茂地解释自己想赚钱并不是为了买衣服或者吃美食，而是为了能够在有限的时间里浏览完台湾最美的风景，好把这些美好的回忆带回家。没想到，这位姐姐真的被我说动了——刚好她们最近也在招新的打工生！

于是，我就这样拿到了在台湾做交换生期间的打工机会，而且我还在食堂里常常拿到免费的午餐和晚餐。当时在台湾的食堂里，两荤一素的午餐需要支付六七十台币（相当于人民币 20 多块钱），这对于我来说，简直是省了一大笔的伙食费！

台湾学生打工的时薪非常高，一个小时可以赚到 35 块钱的人民币。一天只要在午饭和晚饭时间值班 5 个小时，就有 175 元，有时还可以帮同事顶班。最令人激动的是，这里的工资都是周结，一周下来，我每周五下午都能拿到 1 000 元左右的薪水。

当时，我还给内地一家新媒体公司远程兼职写公众号，当时单篇的稿酬是 50 元 / 篇，一周三篇。当时我在学校里每个月就可以赚到 5 000 元左右，我也因此积累了很多宝贵的写文章和编辑公众号的经验，为我后面做自媒体培养了基础功。

谁也不会想到，一个内地交换生居然在台湾的大学食堂里打零工。打工时，我常常穿着一身黑衬衫，每个打工的学生都有一顶黑色帽子，还会戴着白口罩，所以其实非常难认出谁是谁。

我的室友们常常来这家餐厅光顾，我每天都能看到她们出现在我面前，这时我总是低着头为她们结账。我白天在餐厅里隔着口罩收室友的菜钱，晚上回到宿舍后，还要和大家若无其事地聊天。现在想想，还挺有趣的。

我是直到在台湾最后一天要离校时，才和室友们说了这件事的。她们惊呆了，这半年居然没有人发现我的第二个身份。而且他们出去玩当时只能拿父母给的生活费去旅游，实在没有想到还能在台湾这样赚钱，而我却边赚钱边游遍了台湾。

我那时最高兴的事情，就是每周上课学习，下课后去打工赚钱，打工回宿舍后，就开始规划自己这周末要去台湾的哪里旅游和体验生活。而当我每周五晚上拿到自己这一周辛苦工作赚来的钱时，我感受到一种深深的"踏实感"。

我在台湾的那半年，是在充满生命力、心流，物质和精神都自由的丰盛状态中度过的，那段时间里塑造并完成了我一生当中最重要的性格发展。尽管当时我并没有找到自己"一生的事业"，但在我力所能及的范围内我找到了自己可以做的事，去了自己最想去的地方，见了很多有生命力的人。

1.3　热爱可以战胜一切恐惧

我在泰国拍摄《一百种生活》第 7 期斯米兰船宿生活

时，同样被一群热爱潜水的人深深感染，从而彻底消除了我对大海的恐惧，甚至给我整个的世界观、价值观带来了全新启发。

2019年圣诞节，当时有位船老板邀请我体验他们的船宿生活，希望我可以用船客视角的体验视频来完整记录斯米兰船宿的生活，而他将承担我在泰国期间全部的吃住费用。船老板还安排我免费学习潜水（因为必须持有潜水证才可以登船），相当于我用一条视频换取了一场价值5位数的5天共4夜的异国船宿旅行。

在这艘船上，我们一行总共有25位来自世界各地的船客。我们的日常生活就是白天潜水、看日落，晚上在甲板上唱歌、畅谈人生，偶尔夜潜。那真是一段美好而特别的旅程，像生活在一座漂泊在海上的乌托邦。

印象最深刻的一件事，是当时我学完潜水后，上船第一天要跳海，直接潜入海底二三十米的地方。我害怕极了，站在甲板边缘迟迟不敢跳入海中。这时，我忽然看到旁边几个资深的潜水船客很兴奋地喊："大海，我来啦！"随后扑通一声跳入海中。当时的这一幕深深地感染了我。

明明是同一片海，但我恐惧的视角和他人热爱的视角，投射出来的世界是完全不一样的。这些船客因为热爱潜水，所以面对深海时他们的内心充满向往。而我因为恐惧，反而觉得大海很可怕，对比之下，他们的热情一下子就点燃了我，我忽然就不害怕了。

于是我告诉自己："就当一会儿跳入海底的时候，我已经'死'了。等我从海底再回到甲板上，我就又'重生'了。"没想到我的思维一转变，对大海的恐惧就完全变成了对另一个世界的好奇，一件可怕的事情就变成了一件很好玩的事情。带着这样的思维，我放手一搏，纵身跳入了海中。

当我来到海底的时候，我想象自己已经来到了"冥界"，而且周边环境确实也很幽静。果然我在面对深海的时候，没有原先那种强烈的害怕忽然呛水的恐惧，而是放手大胆地去拥抱这和陆地上完全不同的奇妙世界。

"我正在漫游'冥界'，体验'死亡'。"我这样告诉自己。

在海底你只能听见自己的呼吸声，真的很适合和自己独处，倾听来自心里真实的想法，会让人比在陆地上更能清醒地思考。所以在"冥界"的时候，我开始非常用心地去体验当下的感受，珍惜在"冥界"生活的机会。

等我再回到甲板上后，我又想象自己已经得到了重生。于是我就在体验"不停去死，又不停重生"的生活中，真的有生命在不断"迭代更新"的重生感。每天都在刷新自己的生命，这种时刻很能刺激我们的自我意识。

你可以反复问自己：我现在完全清醒过来了吗？我是清醒地活着吗？我的自我意识已经觉醒了吗？如果你能清楚地知道自己想要什么，那么你这一生的时间都正确地花在了如何实现真正的自己上，而非在迷茫和浑浑噩噩中虚无地度过。

从现在起，去发现你的天赋，让热爱点亮你的人生吧！

1.4　收集人生样本

　　每个人都是一个独一无二的生命样本，他们在不同程度上都会影响着他人。当我还不清楚自己希望成为什么样的人时，我会先去接触那些自己喜欢的人，特别是那些能够触发我"顿悟时刻"的榜样，其实他们都是很好的精神人物。在寻找自己真正的热爱这条路上，我们需要收集更多自己喜欢的人生样本，以此来明确自己究竟想成为一个什么样的人。

　　如果你不知道自己喜欢什么，你可以想想自己在生活中容易被什么样的人吸引，他们身上的亮点很大程度上就是你希望自己能够拥有的样子。在他们身上学习对你有用的品质，他们投射出来的精神会帮助你塑造自己。所以收集你喜欢的人生样本对塑造自我非常重要。

　　你可以从身边的朋友、线下活动里感兴趣的嘉宾、自媒体博主、名人传记的故事里找到你感兴趣的人生样本。找到这些榜样并把他们写下来，并分析他们身上成功的原因，包括你希望拥有的部分和你不喜欢的部分。样本最好写2～3个，这样能够集中研究一些个案，能更好地从中找到符合自己发展的共性部分，最后再总结出自己希望成为的模样（见表1-1）。

　　学习榜样并不是说我们要完全成为他们，而是他们身上的某些元素是你希望拥有的。提炼这部分的精华，然后朝着这个方向塑造自己。比起遥不可及的榜样，我更建议你可以

表 1-1　收集你感兴趣的人生样本

我喜欢的人生榜样	他们身上吸引我的点	我可以如何学习
我理想的自己		

先从自己身边的朋友找起，看看他们身上有没有自己喜欢的品质或性格。好朋友是互相成就，彼此吸引的。

或许会有一些读者朋友说自己没有什么人生榜样或者不知道自己要成为什么样的人，可能是你的认知库里还没有找到这样的榜样。我会建议你先写出自己想做和不想做的事情有哪些，在这些具体的事情中你的"人生样本"也会逐步清晰。

虽然我已经明确知道自己的事业方向，但我依然不断地在丰富我的认知库，定期和不同行业领域的创始人交流商业想法。我在很多人身上不断吸收了新的认知，我还在不断拓展自己的边界，如此我的热爱型商业模式也会越来越自带触角地继续生长。

这里我想和你分享我生命中遇到的一些朋友，以及他们是如何在不同程度上影响着我的故事。

1.4.1 何大令：为中国奶奶正名，她打造出了千万级银发族 IP

几年前因为一场活动我认识了大令，我们一直保持着联系。我是后来才知道，她居然是时尚奶奶团的创始人，而且我们还一起登上了 2021 年同一届的福布斯 U30①。为什么一个 90 后的小姑娘，会从事与 60 多岁的奶奶们有关的事业呢？

三年前发生了一个真实的故事，当时有一篇新闻上了热搜，内容是一群中国大妈把一艘豪华游轮给吃垮了。大令说："当时看到这个事件，我的内心很心痛，因为实际上我们的中国奶奶们并非如此，那个时候我想做点什么，却不知道该怎么做。"

也是在那一刻，大令忽然顿悟到自己真正的使命，是要把优雅的中国奶奶形象带到全世界，改变世界对中国老人的偏见。因为大令以前是在广告营销公司工作，专门为明星艺人做包装和营销。她当时隐隐能感觉到，这是一个极大的机会！于是她找到合伙人一起创业，把身穿旗袍的中国奶奶形象通过短视频的方式呈现出来，让很多人眼前一亮。最后，"时尚奶奶团"的视频果然一炮而红。

如果当初不是这样的一个契机，就不会有后面的时尚

---

① 福布斯中国 30 岁以下精英峰会。

奶奶团的存在。原来一个想法真的可以产生无穷大的蝴蝶效应。每次看到大令和中国奶奶们的合照，我都有一种深深的感动。我想象在那个画面里，一个年轻的女孩和一群年轻的奶奶们。女孩仿佛是坐着时光机器来看未来的自己，而奶奶们也坐着时光机器再次见到了曾经年轻时的自己。

大令还很喜欢读人物传记类的书籍，因为从那些真实发生过的人生故事里，她总是能从中找到被打动的小目标，并逐步实现自己的大目标。她之所以想通过时尚奶奶团这个想法来改变中老年这一代人的生活态度，是因为她一直很喜欢看乔布斯、毛泽东、马云等人的传记，这些真实的人物故事描绘出了她理想的人生样本。"能做出一个跨时代的作品，改变一代人，是我的梦想。"大令说。

大令的自我意识觉醒后，她通过收集自己喜欢的人生样本（看各种自传故事和研究中国奶奶们），最终确定了自己真正的热爱。如今，当初的一个顿悟时刻发展成了她所从事的这份事业。大令每一天都有忙不完的通稿，但是她觉得自己活得很有"质感"。更重要的是，她找到了自己人生的使命，就是帮助更多的熟龄女性实现自我价值。而她最终也通过这份热爱，构建了商业模式，成就一番伟大的事业。

1.4.2　你喜欢的朋友身上有你想拥有的闪光点

在我性格形成的过程里，影响我最深的榜样其实是我亲妹。她是我目前为止见过的最有趣的人，尽管我现在见过了很多人，但我还是没找到能超越她的人。

小时候，我妹总在过节时带头组织表哥表姐们来家里玩游戏。她作为一个晚辈总能组起局来，而且永远是最能活跃气氛的那一个。

以前我还比较腼腆安静，特别是被我妹这样一比较，就显得更腼腆了。每次他们玩游戏时，我都只是远远地躲在门边看着他们。对于当时的我而言，我妹简直就像是一轮在我童年里冉冉升起的太阳，释放着她耀眼的光芒。那时我告诉自己："希望我长大后，也能做一个接地气的人，能够带头组织活动，把气氛带起来。"长大后的我真的做到了。我在上海组织了近百场的线下活动，每一场都让朋友感到开心舒适，我甚至成为一个真正的"社交达人"。有朋友告诉我，他们和我在一起谈话时，常常感到身边有一个充满自信的场域，令人安心又如沐春风。尤记得某次活动结束后，有位客人对我说："我来上海就是为了遇见你这样有趣的人。"我听了后心头一惊，感动地对她说："几年前我第一次来上海的时候，我也是这么想的，没想到后来，我竟然活成了自己曾经最想遇见的那种有趣的人。"

这是小时候我没想到的，但倘若不是我妹当时那份魅力感染了我，我不会发现自己希望成为像她那样自信有趣的人。某种程度上，是我妹对人际交往的热爱点亮了当时的我。

发现我身边优秀的人生样本还有一个很重要的功能就

是，当我在生活里遇到挫折的时候，只要回家和我妹待上一段时间，就会立刻被我妹这个"有趣鼻祖"治愈了。你可以随时在这些榜样身上充满"电"，满血复活，然后支撑你跨过人生的一道道难关。

我高中的时候，班上有一个很酷的女同学，她性格开朗，同学们都很喜欢她。当时我们班还很流行用 QQ 空间，而她是我们班唯一一个会用单反拍照的人，而且她很喜欢找朋友们合影，你可以从她的照片里感受到一种向上的生命力。

当时我才十七岁，还不知道自己热爱的是什么，但我很喜欢她拍照的感觉，能用相机留下那逝去的一瞬间是很特别的。后来我一直用心记录生活，直到现在我在社交媒体上的大部分照片都是用单反拍的，我喜欢和朋友们合影的习惯也是从我这位高中同学身上学到的。现在我的读者和观众总会说我的照片很有感染力，但我知道这都是因为我十七岁时那个爱拿单反拍照的朋友感染了我。她是我当时的人生样本，我想要成为她那样的人。

大二的时候，我在上海的一家剧院里兼职做主持人，每周末去一次。当时剧团里有一个姐姐饰演女主角，她每次来剧团都会带一大袋的零食，大大方方地分给我们，然后她就在旁边看着我们吃，自己不吃。有一天我实在忍不住问她："你为什么不吃呀？"她冲我好看地笑了起来说："我不喜欢吃，但我喜欢看你们吃。"我当时立刻就被她这种大方和坦率深深吸引住了。或许当时的我并不知道自己以后的性格是什么样子，但那一刻我希望我以后也要这样大方地对待我的朋友们。每一个你欣赏的朋友都是你的学习榜样，你能从他们身上找到自己喜欢的样子，并最终被他们影响。哪怕你当下的世界如何灰暗，你也总会被他们点亮。

我们再来看一个通过收集人生样本并重塑自我的好故事。

1.4.3　TED：被拒绝 100 天后，他终于不再害怕被拒

我们每个人可能都被拒绝过，但是你害怕被拒绝吗？为了克服自己的恐惧，这个叫蒋甲的年轻人，他决定被人拒绝100 天。蒋甲在生活中是一个非常害怕被人拒绝的人，为了克服这个困难，他开始了一个"被拒绝 100 天"的挑战。这个挑战就是每一天都要做一件事情来让陌生人拒绝他，以此来让自己直面被他人拒绝的情绪，让自己对所惧怕的情绪感到麻木。

看完他的故事后，我发现这不仅仅是在讲如何拥抱自己的恐惧，更是教我们如何在生活中与自己和解，收获不再害怕被拒绝的勇气。

蒋甲第一次被拒绝是在读幼儿园的时候。那天，老师指着墙角的礼物对孩子们说："现在你们相互表扬吧，如果你听到有谁表扬你，就拿一份礼物回到座位上。"其实这位老师的出发点是好的，她是希望同学们之间能互相鼓励，学会肯定对方。但蒋甲到最后都没有人表扬他。这件事给他带来

了非常大的影响，他从此面对被拒绝的场景时，就会想起当初在教室里没有人肯定他的情景。

他开始害怕自己被拒绝，尤其是当他对某件事情失去信心的时候，这种恐惧心理会让他变得更加自卑。很多成年人的恐惧往往是在小时候种下的，相反小时候越是自信爱笑的孩子，长大后一般也会比其他人更自信一些——果然爱是最好的铠甲。

为了克服这个困难，蒋甲在网上找了很多书来看，但大多都是心灵鸡汤。直到有一天他意外发现了一个网站，网站中提到了一种"被拒绝治疗法"，是由一个加拿大人发明。具体做法就是主动向人提出不太实际的请求，让对方拒绝，如此持续 30 天，慢慢地"患者"就会对拒绝感到麻木。

这个方法类似于找虐受，但蒋甲却在这里收获了一个很重要的灵感。他认为只要自己经常被拒绝，才不会再害怕被拒绝。说干就干，为了更好地记录自己的改变，他把自己被拒绝的过程用手机拍了下来，做成了一个视频系列，名为《被拒绝的 100 天》。该系列视频不仅是为了记录过程，更是用来事后分析学习。如果再来一次，应该怎么做才会更好？带着这样的想法，他开始了"被拒绝的 100 天"的人生实验。比如"向陌生人借 100 美元、请求汉堡包续杯、在陌生人的家里种花、请求当星巴克的迎宾员、希望在大学里教一节课……"每一个请求听起来都很像会被马上拒绝的，但蒋甲真的去做了。

这个视频系列里的第一个挑战是要向陌生人借 100 美元，折合成人民币约 650 元。有谁会借给一个陌生人 650 元呢？这种要求一看就是会被拒绝的！蒋甲找到办公楼下的一名保安说："你能借我 100 美元吗？"保安一脸不可思议地回答："No！ Why？"被拒绝后，蒋甲充满羞愧地跑开了。

后来他回看视频的时候，发现其实这位保安虽然拒绝了他，但也没有嘲笑他，反而问了一句为什么。于是蒋甲意识到，其实对方是给了他机会解释原因的，但自己却什么也没说就跑了。所以下一次，不管发生什么，他都要解释清楚，绝对不能落荒而逃。

这个例子是一个非常好的启发。我们在日常生活中，常常会因为遭遇他人的拒绝而感到羞愧，恨不得马上逃离现场。但如果这时你选择留下来解释原因，对方对你的印象会好很多，甚至有可能被你的故事打动，从而扭转被拒绝的局面。

这让我想起 2020 年我在拍摄《一百种生活》第 22 期"滴滴师傅们的生活"时，当时也有一位司机拒绝拍摄，我没有选择退缩，而是马上解释了自己创作的目的和初衷。没想到那位滴滴师傅得知我想记录他们的生活后热泪盈眶，最后居然还免了我的车费。那一期的视频在我的微博上有 50 万的播放量。

其实害怕被拒比任何一次真正地被拒绝造成的阻碍都更大。只要我们发自内心地直面自己的恐惧，就能创造出意想不到的奇迹，从而发现另一面的自己。

　　蒋甲从小就有一个想去大学讲课的梦想，于是他想到了一个被拒绝的挑战：我能不能去大学里讲课呢？他来到德州大学，每天去敲一个教授的门，问能不能在学校里为他的学生讲一堂课。果不其然，这位教授拒绝了他。但蒋甲也没有放弃，他没有逃跑而是继续尝试，每天去敲门找教授。到了第三次敲门的时候，教授被他"被拒绝"的故事所打动，决定让他讲一堂课。这次的经历让蒋甲意识到如果能够说出对方心中的疑问，就更能赢得对方的信任，从而增加对方答应你要求的机会。

　　故事里还有一个点让我很受启发。蒋甲其中的一条被拒绝视频意外获得了油管 500 万的点击量，开始有很多人报道和采访他。但他并没有沉溺在虚荣的光环里，而是明确自己真正想要的是挑战和学习。因为接受大量的曝光并不会让他克服掉真正的困难。于是接下来他选择继续完成"被拒绝100 天"的实验，完全把它变成了一个个人游乐场。

　　能够从名利场里跳出来，清晰地抓住自己的初心，这一点非常值得人学习！

　　现在的蒋甲已经成了一个网络名人，他坚持完成了 100天的挑战，并把这些过程传到了自己的网站上。几十家主流媒体报道了他的故事，他被邀请周游美国做演讲。他登上了 TED 的讲台，还开发了相关的课程项目帮助数千万人克服被拒绝的恐惧。他发现世界不再拒绝他，而是向他敞开了怀抱。

蒋甲通过"被拒100天"的人生实验,主动把自己转变成一个不再害怕被拒绝的人。他不仅在收集和积累被不怕拒绝的经验,更是在这个过程里收集自己"理想的人生样本",并最终确定了自己真正的热爱。

1.4.4　大学室友的故事:主动创作自己喜欢的大学生活

我在大学念书的时候就在思考如何才能创造出自己喜欢的生活氛围。当时,我们的大学宿舍基本上都是学校根据每个学院每个班系统安排好的,所以我和同学成为室友的概率非常具有随机性,只能靠缘分。我大一的宿舍里住着四个同学,而且一整层都是我们本班的同学。经过一年的相处后,我发现室友们性格上有点木讷,虽然她们人都很好,但我们很难进行深度沟通。那时我就很清楚地预见大学毕业后,我们几个可能是在班上最熟悉的同学,绝对不会再有深交了。

但我想到,这可是我青春里唯一一次的大学生活啊!我多么希望自己能和一群充满能量、频率相同的室友们一起度过美妙的大学时光。而且大学宿舍的氛围,也直接影响了我在大学的生活态度。不行,我必须要做点什么——于是我想到了换宿舍。

当时学校里还没有开过任何关于学生申请换宿舍的先例,可我已经下定决心要改变,我决定试一试。

大二军训的时候,有一天我看见我们的队伍里有一个女孩子正步走得很好，还经常被教官点名到前排为我们做展示，而且她的表达能力也很好，逻辑清晰，口齿伶俐，看起来非常自信。我一下子就喜欢上了这个同学，尽管当时我们并不认识彼此，但在军训的这一个月里，我有足够的时间可以认识她。

后来我主动上前认识了她。她叫鲁比（Ruby），而且我发现我们聊起天来也时常感到交谈甚欢。军训的一个月里，我和 Ruby 经常就一些话题进行深度交流。有一天，我大胆和她聊起了我想要换宿舍的想法。没想到 Ruby 居然和我一拍即合，她也有这个想法。她和当时的室友住的是二人寝，希望能有个四人宿舍。

我喜出望外，于是换室友的想法已经从一个念头变成了我马上就要去着手落实的行动。我在楼管那里查清楚了换寝室要申请的各种复杂材料。我是个很怕麻烦的人，但我深刻地意识到我有必要做这样的事，它将为我换来无限美好的大学生活。这个麻烦就算再大也值得我去解决，因为我一定要改变现在的生活！

换宿舍意味着要离开我们原来的学院宿舍楼，和大学同班同学的交集会更少。没想到我原来宿舍的一位朋友毫不犹豫地答应跟我一起走，她到现在都是我在大学里最好的朋友。

于是我们彼此见过面后，决心去落实行动。然而那个暑假，忽然发生了一个意外。Ruby 打电话告诉我，她们宿舍被调到其他楼了，还有两个大三的学姐和她们一起住。这下完了，本来换楼的资料申请已经够复杂了，还有两个大三学姐已经住进去了。一般情况到这里有人会说"算了吧"，但是我不能算了。

当时我虽然很难过，但依然没有任何想要放弃的念头。我让 Ruby 把两个学姐的电话号码给我，我来沟通看能不能请她们搬走，能不能为她们做点什么。

没想到我刚打电话就吃了闭门羹，两位学姐说什么也不肯搬走，态度非常强硬。我就在暑假的两个月里每天和她们打电话，软磨硬泡地沟通，恳切地表达了我们几个非常希望能拥有一个美好快乐的大学室友生活。就这么进行了一个多月的沟通后，没想到我真的说动了其中的一位学姐。她答应我会说服另一个固执的学姐一起搬走，但是有个前提条件：我必须得先帮她们找到新的宿舍。

这意味着我要在复杂的资料申请里，再加上一项帮学姐们找在学校里可以住的宿舍的任务。而且她们对新宿舍有诸多的要求，如不能是在潮湿的一楼，宿舍楼要靠河边，楼最好是新的……这些苛刻的要求我都一一答应了。

于是那个暑假，我先是和宿舍的楼管申请搬出宿舍，又去找要住进去的新楼管签字，还要帮学姐搞定迁出和迁入的文件……大二开学的第一个月，我终于在负责寝室最终授权的主任老师那里要到了最后一份签名。当时那位老师听说了我这三个月的换楼签字的故事，她睁大眼睛吃惊地对我说：

"同学，你行动力蛮强啊！"

耗时 3 个月的"文件大战"终于结束了，我和原来的室友一起搬到了 Ruby 所在的宿舍。那天我推开新宿舍的门，跑到阳台上狠狠地呼吸了一口新鲜空气，下一秒我居然失声痛哭起来。虽然当时已经是大二了，但那一刻我觉得自己真正的大学生活才刚刚开始。

后来我们四个室友真的度过了非常自由而愉快的大学生活。因为都是新闻系的同学，我们常常一起讨论政治时事，分享最近看到的好电影和不可错过的书籍，周末约着做兼职赚钱，每一天都在互相分享和增长彼此的见识。我们还在那个小小的宿舍里帮彼此过了三年的生日。总之我的大学真的过得非常充实。

如果当时没有认识 Ruby，我也不会在大二的时候拿到她推荐我的一起去申请台湾交换的名额。我和 Ruby 为了考分的目标共同努力学习，最后我们一起拿到了赴台交换的全校仅有的 4 个名额中的 2 个。

后来 Ruby 去了高雄，而我到了台北文大。我是在文大的那半年里收获了自我意识和文化自由。如果没有当初的换宿舍一事，我将会错过怎样的人生？我会有那样一段在台湾塑造自我性格的黄金时光吗？我会成为自己想成为的人吗？我会早点明白到自己到底想要什么吗？

有些朋友对你性格的形成有所助益，性格又决定命运。如果你学到了身边朋友的优点，那你就可以朝着自己更遥远一些的榜样学习了。这样的榜样可以在精神层面上很好地督促你，为你树立成长路上的"指向灯"。

1.4.5 榜样上身法：让"高我"来帮助"现我"

畅销书作家王潇在《五种时间》里提到过一个很有用的人生样本使用方法，她取名为"榜样上身法"。当王潇每次要写作的时候，她都会想象自己的榜样梁凤仪"上身"。梁凤仪是香港著名的女商人，同时还出版过 100 多本书。她一天能写一万字，这种高效自律的工作方式很激励人。每当王潇在写作这件事上想偷懒时，她会想起自己的榜样："梁凤仪一天能写一万字，我今天也要写一万字！"于是她想象自己此刻是梁凤仪，是那个一天能写一万字的"高我"。

"榜样上身法"真的会让你下笔如有神。我自己在写作的时候，也会想象是我的榜样李欣频"附身"于我。李欣频出过三十多本书，每本都极具创意。我在 20 岁的时候读了她的《十四堂人生创意课》，才发现原来这个世界上还有这种创意的活法。甚至我在下笔之前，为了能进入我榜样的状态，我会先看几页李欣频的书，通过她的文字汲取她当时写作时注入的心流，再回到自己的书桌上开始动笔，这样真的会迅速进入自己喜欢的创作状态。

你可以多收集一些自己喜欢的榜样，但千万不要沉迷于榜样之中，因为我们无法成为第二个榜样，只能是独一无二的自己。所以确定好你喜欢的榜样后，分析他们身上吸引你的地方是什么，以及可以如何学习。

1.4.6 特殊素材：收集你的世界

美国作家詹姆斯·韦伯·扬在他的著作《创意的生成》一书里提出：每一个好的创意的诞生，会经历一系列的步骤，第一个步骤就是收集素材。

我们每个人来到这个世界就是为了收集素材，你看到的书籍、电影、认识的人、走过的风景，这些都是你收集到的素材。这些素材一般被分为两种：一般素材和特殊素材。一般素材是指你看过后不会停留在脑子里进行深度加工的、一闪而过的素材，而特殊素材会像一个种子一样埋在你的脑海里，渐渐发芽，往后你经历过的一切都是在给它灌溉、施肥，直到它开花结果，长成你自己的素材。

所以我们应该尽可能地去收集对你有用的特殊素材，把它们沉淀在你的脑海里，等待着被新知灌溉，从而长出你自己的创意。当你和朋友谈话时听到很棒的金句或者故事，你就可以对自己说："我今天又收集到了一个特殊素材。"

写这本书的时候，我也真诚地记录了很多我世界里的特殊素材。我希望这本书的一些内容也会成为你的特殊素材，最终帮助你形成自己的创意世界。这些素材大都来自我生命中一些重要的人，是他们让我知道原来自己喜欢这样的活法和性格。我常常和身边的朋友说自己像一个小偷，在不停地偷取他人的能量。每当我和他人进行了一段奇妙高能的谈话时，我内心往往会感到愉悦且丰盈。我总是会想象眼前这个和我同频且在讲话的人，他的身后忽然浮现出一颗能量球。而我像一个带着麻袋的小偷，小心翼翼地把这颗能量球收进我的袋子里，最后融合成我自己的一部分。他们帮助我提升思维和认知，并且不会感到被内耗，而我像个海绵球一样不断地在学习和吸收，是"充电"的感觉。

你的性格后天是可以改变的，如果你不喜欢自己的现状，那就去收集那些你喜欢的人生样本，通过观察、研究和向他们学习，不断地对自己提问和复盘，终有一天你会成为自己喜欢的样子。这就是收集人生样本的重要性。

第 2 章

确定真正的热爱

所有的困难都是为了训练你的梦想。

　　确定真正的热爱是"热爱型商业模式五步法"的第二步。

　　最开始我给形成热爱型商业模式的第二步定名为"找到真正的热爱"，但在某次的分享会上，有个观众告诉我他有很多热爱，可还是没有找到可以变成事业的点。那一刻，我忽然意识到真正的热爱不是找到的，是通过辨别后最终"确定"的。能够持久点亮你人生的，正是那份真正的热爱。

　　我们的一生可能会有很多感兴趣的事情，但真正想变成事业的那份热爱反而是从众多爱好兴趣里被确定出来的。比如我热爱文字，热爱讲故事，热爱创意，还热爱很多新奇好玩的事物，但只有在研究"热爱变现"这件事上，我展现出前所未有的耐心和热情，并且我发现这份热爱对我终身事业的设计有很大的帮助。于是我在自己众多的兴趣爱好里，确定了自己真正的热爱。

克莱顿·克里斯坦森在《你要如何衡量你的人生》里说："如果你找到了一份你喜爱的工作，你会觉得一生没有一天在工作！"北辰青年曾发布过一项名为"未来简历"的调查，在这项关于职业的调查中，选择"发展路径清晰、是自己喜欢的工作"的年轻人占 18.5%。不同于我们的父辈们一味追求工作稳定，"快乐和实现个人价值"反而是当代年轻人对工作最看重的两点，共有 21% 的人认为"做自己喜欢的事"是未来三年的目标。确定自己真正的热爱很重要，只有精准努力才能到达真正的目的地。

本章我会重点讲讲当沉浸在热爱之事时的心境是怎样的，以及我们要如何从自己喜欢的事情中辨别出什么是真正的热爱。

2.1　第一次走进忘我之境

如果一个人的自我意识还没觉醒，那他的"天线"就还没打开，他还没有意识到自己来到这个世界上需要完成一件怎样的事情。如果你已经拥有了自我意识，那么你对心流的世界一定不会陌生。

当你全情投入一件事中，你会产生一种奇妙的兴奋感，仿佛时间静止了，世界上只剩下你和眼前的事物。那一瞬间你没有其他的烦恼，只剩高维度的专注力，同时你还感到内心有一股巨大的洪流推动着你，一切都可被掌握，你的世界变成了一个小小的有安全感的空间。欢迎你来到心流的忘我之境。

"心流"一词是由著名心理学家米哈里·契克森米哈赖提出的。从 20 世纪 70 年代开始，米哈里教授就在研究这种现象。在研究了数千人日常生活的活动细节后，他区分出了这种特殊的高强度投入状态，并首次描述出"心流"体验。而后他撰写了包括《心流》《发现心流》《创造力》等畅销书，对积极心理学的发展产生了重大影响。其中《心流》自1990 年出版以来，被翻译成 30 余种文字，影响了全球千万研究者和读者。

根据米哈里教授的研究，进入心流状态的人通常会有如下几种特征。

（1）完全投入。

（2）会有极度兴奋或狂喜的感觉。

（3）内心清明——知道该做什么以及如何做。

（4）出奇的镇定冷静。

（5）感觉时间似乎静止了，或者觉得时间倏忽而逝。

当你做某件事处于心流状态时，你会爆发出比平常高十倍的创造力和专注力。如果你能够很好地掌握自己启动心流的开关，那你的一天将会充满能量和幸福感。一个人一旦体验过心流，他就再也舍不得浪费时间了。

《心灵奇旅》是我看过的第一部直接描绘心流状态的电影，它构建了一个有趣的心流世界：当主角乔伊回到现实世界后，他想起曾经和家人一起生活的美好画面，开始忘我地弹奏钢琴。越是回忆这份温暖的时光，他就越泪流满面，手上的琴键也就越流畅飞扬。紧接着，他随着音乐渐渐沉浸到很深的角落里，仿佛此刻偌大的城市里只剩下他与音乐。他的周围渐渐呈现出蓝紫色的光圈，一点点向周边的环境融合掉，直到整个空间完全变成蓝紫色，连同他自己的身体也渐渐地变小。最后，乔伊变成了一个可爱的蓝色小灵魂。他从现实世界来到了心流世界，这里都是一群在世界上找到自己天赋并做着自己热爱事情的人。

看到这个画面我激动得热泪盈眶，我清楚地听见心里有个声音在对我说："你来过这儿。"

心流状态不仅仅只在从事有成就感的工作时发生，它甚至可以发生在最普通的日常生活里。当你仰望一朵云彩出了神，或是被旅途中遇见的一座雪山感动得热泪盈眶，这同样也是一种心流体验，因为你的心灵和周围的环境深深地链接上了。

在追逐心流的过程里，我们有可能深深地沉醉其中，从而在心流世界里创造出一个伟大的作品，但也有可能陷入一种更深的迷茫。我们一定要注意甄别自己的状态，千万不要变成了一个只执着于目标而忽视生活的人。

电影《心灵奇旅》里也讲述了在心流状态下的三种人，他们在现实中也常常出现在我们身边，这三种人分别是：迷失灵魂的人、冥想者、专心创作的人。这部电影中被称为

"忘我之境"的地方，并不仅仅有着处于心流状态的人，也有那些有着巨大的、黑暗的、暴躁的心理阴影，被称为迷失灵魂的人。当他们说话的时候，很容易听出来他们的情绪很沮丧。他们的行为动作表明他们其实已经放弃了生活。这些黑暗的群体被称为"迷失的灵魂"。

比如你为了公司业绩疯狂工作，却从不思考自己真正想要的生活。忙碌之后，你感到自己深陷一股巨大的恐惧，这时你就会变成一个"迷失的灵魂。"或者当你连基本的生存都很艰难，却还一直醉心于追求所谓的"梦想"，你便是对自己的生活不负责，这同样会让你陷入一种迷失。

电影里有一个名叫月之风的嬉皮士船长，他和几个小伙伴们是冥想者，专门通过音乐来拯救迷失的灵魂，重新找回自我。这正是对应了世界上冥想艺术家的存在。月之风还有一句令人深思的话："迷失的灵魂和在忘我之境里的其他灵魂并没有什么不同。忘我之境当然是令人愉快的所在，但当这种愉快进一步变成人的一种困扰时，人就会与真实生活脱节。"

当你从事着一项不能养活自己的艺术，温饱都成问题，却为了坚持所谓的"梦想"而放弃了生活的全部，那你就彻底脱离了真实的生活，变成了一个纯"自嗨"的人（对应到我们的五步法里，就是你的热爱变现出现了卡点）。虽然偶尔你也会感到心灵满足，但更多时候内心却是被焦虑和恐惧所填满，在理想和现实的边缘苟延残喘，甚至会时常怀疑这究竟是不是自己真正的热爱。

所以，我们一定要记得在追梦开始的时候，想清楚自己变现的产品或者其他可以养活自己的方法是什么，如找工作先解决生存问题，千万不要只执着于目标而忽视了生活。一个真正热爱生活的人，就算他没有一个目标，这样的生活也是充实而幸福的。这也是一种美好的心流。

在我 18 岁那年高三政治复习课上，发生了一件事，那是我第一次"触发"自己的心流体验。我记得那是一个晴天，阳光暖暖的，我靠在窗边。政治老师忽然决定自己不上课，让我们班成绩最好的前几名同学上台给我们讲课复习。原本在窗边发呆的我听到这句话，情不自禁地抬起了头看着讲台上的老师。我脑海里第一次有了这样一个声音：我要到讲台上讲课！

于是下课后，我马上找到政治老师说明了我的想法。但老师却拒绝了我，因为我当时的政治成绩还在七八十分数线上徘徊，可我又不想放弃，怎么办呢？我想到了一个方法。我找到班级前几名的同学（还好我在班上人缘不错）请他们帮我和老师说好话，果然政治老师最后被他们说服了。于是我主动争取到了人生中第一次可以上台讲课的机会，因为在那之前我并不知道演讲是我的热爱。

说来真是神奇，那次我讲的政治课内容竟然是《如何实现人生价值》，而我现在真的在做着帮助他人实现人生价值的事情。原来一切早在冥冥之中安排好了，是我的"天命"在引领着我啊！

　　当我接到这个备课任务后，立刻回到家开始用电脑查找各种各样的资料故事去丰富这个课件。我从晚上 8 点开始写演讲稿，一直写到了凌晨 5 点。这是我青少年时期的第一次熬夜。深夜里一盏灯下，我敲打着键盘找资料，还不停地在纸张上书写笔记。我感到自己的世界只有眼前，我忽视了身边的环境和空气，只有我手中的笔和文字包围着我。那一刻，我进入了心流状态。

　　因为久坐，我身体和脖子感到痛，但我写稿的时候完全忽略了，直到写完才发现自己已经腰酸背痛眼睛干涩，但我却快乐极了，内心有一种巨大的洪流在推着我走。

　　天色开始亮起来，我才发现我竟然熬了一个通宵，但是那一夜让我有了一种特别美好的新体验。这种快乐跟我拿到零花钱和好朋友放学去便利店的快乐是完全不同的。那一刻，我感受到了一种"生而为人"的快乐！

　　因为我在课件里准备了很多有趣的故事，活生生把一堂政治课变成了妙趣横生的故事课，所以现场效果还不错。虽然我第一次演讲很紧张，但我还记得我当时的结束语是："星星之火，可以燎原，请实现你的人生价值！"这句话落下的时候，台下响起了热烈的掌声。下课的时候，我的一个好朋友跑过来和我说："小伊，我觉得你今天讲话的样子和平时很不一样！"

　　直到很多年后，当我第一次听到"心流"这个词，我第一时间就想起了准备政治课内容到天亮的那个夜晚。我多么庆幸自己在 18 岁的时候意外地接触到了心流体验，我意识到自己那时的热爱是演讲，直到现在我都很热爱讲故事。而后在更多这样的时刻里，我开始细心地收集心流时刻，珍惜这种来之不易的超强专注时刻。

打开你的感知力，回顾你生命里出现过的心流时刻，多去收集一下，写下来，然后研究它们。找到这些心流的具体行动，放在有需求的位置上，或许你就能找到让你充满激情的工作。

2.1.1　清楚自己的擅长和不擅长

只有清楚自己擅长和不擅长做的事，我们才能更好地使用自己。当机会来到时，你才能在那样的一个决定性瞬间里，抓住属于你自己的机会。

我大学新闻系有个特别的规定，就是系里的同学上课前都要轮流做一场课前演讲。学校每年还会举办一场名为 TOP10 的全校演讲大赛，每个系选出一位演讲者去参加这场比赛。因为我很早就知道自己喜欢讲故事，所以当时我第一个冲进去报名了。

但当面对着一群陌生观众和评委时，我太紧张了，在海选的第一轮就被刷了下来，为此我沮丧了好久。但故事到这里并没有结束。有一天晚上，我的一个好朋友来我宿舍找我，她告诉我学校要请一位校外演讲导师在千人报告厅里给入选决赛的前 10 名选手做培训，其他学生也可以去观看。

那天下午我上完课就去了报告厅，坐在了台下。现场大概有 60 来个人，也看不出谁是前 10 名选手。那位导师在讲完他的培训内容后，临时起意，问现场的前 10 名选手谁愿意上台来做一场演讲演练一下。台下一片寂静，没有人举手。

我想上台却又很紧张，这时耳边仿佛有人在告诉我："这是上帝给你的第二次机会。"于是，我勇敢地举起了手。接下来，全场人齐刷刷地看向了我。我假装镇定地走上了台，站在了我梦寐以求的千人报告厅里。

还好下午的课上做过同样内容的演讲，所以心里比较有底，自信很多。我讲着讲着，忽然发觉自己又渐渐进入了心流状态。讲完后，我鞠了躬正准备下台，那位导师忽然对我说："同学，你讲得很好呀，你是哪个系的前 10 名选手？"

糟糕，要露馅了。我只好深深地吸了一口气，向老师和台下的同学们鞠了一躬，然后坚定地说："老师对不起，其实我不是前 10 名的选手，但我一直以来都有一个梦想，希望能站在千人报告厅做一场演讲。"

讲完后，全场哗然，我看见很多同学在交头接耳小声地讨论。

那位导师大吃一惊，他缓缓地从座位上站起来，走到我的旁边，对台下的观众说道："同学们，让我们再一次用热烈的掌声鼓励这位有勇气的同学！"然后台下响起了热烈且绵长的掌声。

那天，我置身其中，忽然觉得那一刻似乎比我作为一个选手的身份参加比赛更有意义。那是一个我跌倒后又重新站起来，为自己争取到的只属于梦想的舞台。

现在，我的职业是通过演讲和咨询，跟各行各业的人分享"热爱变现"的财商故事，为用户提供热爱变现的咨询服务。在我找到自己真正的热爱之前，我抓住了每一次可以进入心流状态走进"高我"的机会。我甚至可以确信，每一场心流都是"现在的你"与"未来的你"的深度链接，是心流帮助你在忘我之境里重新燃起了信念，带你朝着真正的热爱走去。

我第一次来上海时才20岁，这里是我梦寐以求的国际大城市。那天，我在上海人民广场旁的来福士商场里准备找家店吃午饭。作为一个小镇女孩，我第一次在菜单上看到一碗卖60元的牛肉面。这个价格让我意识到，我以往的生活标准和这里差距太大了，我陷入了一种自卑。后来那个商场我再也没有去过。

几年后，当我拿着一家品牌方给的高额演说费在来福士广场里办了一场分享会。中午休息的时候，我意外途经了那家面馆。我愣愣地站在门口看了一会儿，然后走了进去，吃了当时没有点的那碗面。

吃着吃着，我的眼泪忽然流了下来，我在心里默默地对自己说："谢谢你，谢谢你。"

2.1.2　如何从喜欢的事情里辨别出真正的热爱

当我们在做自己非常喜欢的事情时会产生心流，但在这个万千世界里让我们感兴趣的事可能远远不止一件。那么，我们要如何从自己做过的事情里甄别出自己真正的热爱呢？我有一个非常好用的方法——兴趣复盘，具体步骤如下。

步骤 1　拿出一张纸，想一下自己都有哪些技能，然后写下来，越详细越好。比如演讲、写作、画画、摄影……把你能想到的技能（你现在拥有的和你希望拥有的）都写下来，每一个技能写完后都要画一个椭圆（如图 2-1 所示）。

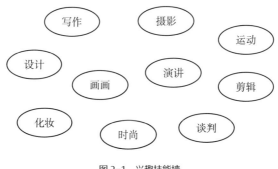

图 2-1　兴趣技能墙

步骤 2　写完后，问自己："如果我是一个以摄影 / 画画 / 演说 / 舞蹈为生的人，这是我想过的生活吗？"用这种反问的方式不断地去掉不想要的圆圈，最后只剩下 1～3 个。

步骤 3　想一想这些技能里，你有没有在哪一方面赚到过钱并让你感到很开心的。

如果说之前的步骤都是为了让我们确定自己的热爱是什么，那么这一步就意味着"用这个热爱变现你不别扭，反而很有成就感。"（这一步也可以结合本书第 3 章的"复盘第一

桶金"的工具来具体拆解）

步骤4　不断地向自己提问。结合前面讲到的自我意识觉醒和收集人生样本，当我们通过做自己热爱的事情进入心流状态时，我们可以问自己以下问题，最好把答案写下来。

（1）这件事真正让我愉悦满足的点是什么？

（2）把这件事变成可持续的事业，我愿意吗？

（3）如果愿意的话，这个世界上现在或曾经有谁实现过？

（4）我的榜样是谁？他是如何做到的？

（5）我要如何从0到1开始行动？

这个步骤非常重要，它能够帮助你辨别自己真正的热爱是什么，以及确认自己是否希望把这份热爱变成事业。如果你觉得每一个都不太适合赚钱，那一定是你的人生样本收集得还不够多，还需要继续拓展自己的认知库存。

如果你觉得某一个热爱的点非常打动你，是你无论在任何阶段都愿意继续做下去的，那么你就要朝着这个方面收集你的人生样本，分析和复盘他们成功的路径。

当你发现自己在研究某一类人生样本的时候同样进入了心流状态，这意味着你的"高我"对现在的你已经起了作用，他励志的人生路径点亮了你，并影响你走向自己的路。他们是灯塔，是指引你点亮人生的灯塔。

2.2　启动心流的方法

如果你全情投入一件事，你会产生一种10倍于平常的创造力和感知力。试想一个人如果能够时常处于这样高能量的心流状态里，他的时间效率将会比普通人高出 10 倍。

心流并非时时刻刻都能被调动出来，因此需要借助一些工具和方法来启动我们的心流时刻。是的，进入心流是有一些开关的。有些开关只为你量身定做，有些他人的开关也可能会触发你的心流。关键是，你能不能找到自己的开关？

这一章节我将会为读者们提供一些具体可行的方法，这些方法同样也帮助我一次次地进入了心流状态，从而达到超高专注力的创造。

方法 1　每日三件事

如何把一天过得更加充实？我会在每一天早晨写下当天要做的三件事，还会在旁边加上需要完成的时间，比如，2022 年 12 月 12 日，今日三件事：① 写一篇公众号文章（2 小时）；② 进行一场线上的商业咨询（1 小时）；③ 去一家公司做企业演讲（3 小时）。

只要完成了这三件事，那么我这一天就没有白过。写下这三件事，其实也是在帮自己梳理今天要完成事情的重要优先级，能够更好地分配自己的时间和专注力。

为了更高效地完成这些任务，我还特地准备了一个倒计时的闹钟。每当我在做这件事的时候，就会开始定时。之所以不用手机定时，是防止自己反复看手机，或者时间到了以后会不自主地打开手机看点别的东西。

这个方法就像是把一天的 24 小时切割成了一段段专注

的时间，原本普通的一天就变成了闯关打怪的游戏体验，而你也在这个过程里得到不断的升级，每天的时间都在你的掌握之中。

我大学的时候就养成了每个月自我总结复盘的习惯。我宿舍书桌旁有一整面的便利贴墙，每半年我会更换一种新的便利贴颜色，这样我可以通过颜色快速区分我的半年。每一张便利贴上都会记录这个月要做的几件重要的事，一方面是整理事件，另一方面可以观察和研究自己当月的状态。如果我记录了很多重要的事，说明这个月我的状态很好，要继续保持；如果这个月记录得比较少，我就会反省自己并及时做出调整。我就是用这样的方式来督促大学的自己。

这个习惯一直伴随着我，帮助我梳理了每一天的工作内容。

方法 2　独立写书日

我在写这本书的时候，也常常进入心流状态。从和出版社签约写书到交初稿总共 3 个月的时间，但我集中书写的时间加起来不到 1 个星期。

我有一个方法并把它命名为"独立写书日"，即这一天不做任何与写书无关的工作，让自己处于完全自由无负担的创作状态。每周我会根据情况定一天为我的独立写书日（通常是周日）。在这一天我关掉自己的手机，让自己完全处于不被干扰的写作状态。我从白天写到晚上，好几次当天的产出量为 3 万字。创作的时候完全没有卡点，自己完全沉浸在书里的故事中，好几次我都热泪盈眶。

比起断断续续的写作，这种集中时间在心流状态里创作的写作方式更适合我。这就是善于利用心流体验的效果。

这个方法来自我卖灵感课程的经历。有一个学员和我分享了她名为"自我放飞日"的方法，她每周都会给自己定一天"自我放飞日"，让自己一整天完全沉浸式地做最想做的事。后来我把这个灵感运用在写书上，就变成了我的"独立写书日"。

方法 3　音乐时光胶囊

为了能处在心流状态完成这本书的写作，我还特地在网易云音乐上建立了一个自己的写作音乐歌单（你可以搜索"公子伊的写作世界"直接找到）。多年后，当我再次听到这份音乐歌单时，也会把我带回曾经写这本书的那种心流状态。

音乐真的是一个非常好的调节工具，当我意识到自己情绪低迷状态不好的时候，都会赶紧放一首自己喜欢的音乐，快速进入到美妙的世界里把那个曾经快乐的自己找回来。你情绪不太好的时候，可以试试放一首自己喜欢的音乐，把空气里的负能量都赶出去。

你甚至可以自己建立一份歌单，命名为"音乐时光胶囊"，把你觉得美好的时光用音乐收集起来。收集时间的方式不仅仅只有照片和影像这两种形式，有时候·首歌就可以带你回到过去。就像我们听周杰伦的歌时，仿佛掉进了曾经青春年少的时光里。有时候我们听的不是音乐，我们听的是自己回不去的青春。

一首好歌可以帮助你重返曾经美好的时光。我曾和好朋友一起旅行，和恋人一起玩耍，当下的状态都太美妙了。为了更好地保存当时的心情，我会在边经历这些事情的时候边放一首觉得最适合的音乐，然后重复地播放，就好像一个胶囊一样在收集这些美好的心情。等到自己哪天不小心进入颓废沮丧的状态时，我会打开这些音乐，把那些美好的心情都释放出来。它们就像过去快乐的我，在提醒自己要赶快振作起来，不要忘了这个世界是如此美好。

方法 4　每天冥想 10 分钟

冥想是我目前发现的最能够帮助我快速进入心流状态的一种方式。结束冥想后你整个人会变得耳清目明，也更清楚自己接下来要做什么。冥想就是把自己从现实世界里抽离出来，是在精神世界里和自己独处的最好方式。

很多著名的冥想大师都曾经用这样的方法开启他们的一天，而且在冥想时试图感知细节的东西。如细细感受你的指尖触摸阳光的感觉，体验你的头发丝飞舞的样子，听风吹过树林簌簌的声音，感知身边的风掠过你的皮肤……每次我冥想时，脑海里都会想象自己眺望着远山的一个悬崖边上，注视着一株小小的在角落里生长的花。我会凝神去观察这株植物，越是观察细节的地方，你的感知力也就越强烈。如果你实在很难进入冥想状态，我建议你可以直接去数呼和吸之间停顿的那个间隙次数。很多人在日常呼吸时，很难发现自己的一呼一吸之中其实停留了将近 2 秒。你可以通过数空挡停顿的次数，来更好地掌握自己的专注力。

如果你怕冥想的时候走神，可以只去感受自己呼与吸之间的那个停顿间隙，沉浸在其中，同样会让你在冥想的时候变得专注起来。

有段时间我跟着一位信基督教的朋友开启了 7 天的每晚深夜祷告。我们会在晚上 10 点的时候点上一盏蜡烛，然后开始静静地在内心念 10 分钟的祷告词。10 分钟过后，我们再来彼此复盘刚刚 10 分钟里"神对你说的话"。我几乎分不清那到底是神对我说的话，还是我自己在心里的自问自答。但当我和朋友复盘交流时，我居然直接脱口而出："刚刚，神告诉我……神还对我说……"神奇的是，当我完成整场祷告仪式后，我的内心真的澄明了许多，第二天的工作也莫名地高效起来。

我有一位大学室友叫晴子，她就是因为每天坚持花 10 分钟冥想，在生活里掌握了高效专注的方法，所以从 211 本科考上了台湾大学的硕士，后来她还申请了墨尔本大学的博士，拿到了全额的百万奖学金。

我问晴子在每天辛苦繁重的学习生活里，她是怎样保持这么高能量的专注力的？晴子告诉我，她每天上午都会进行 10 分钟的冥想，然后开启崭新的一天。有时候学习累了，也会放音乐冥想一会儿，调整好自己的状态后重新进入学习状态。甚至她每一天都会将自己的 24 小时进行严格的安排，具体到 7 点到 8 点要做什么，什么时候吃午饭，学习时间多久等，她非常喜欢能够掌控自己一整天时间的感觉。对于晴子而言，她不是被时间支配着，而是主动支配自己的时间，做自己生命的主人。

我知道很多人工作学习一段时间后，想给自己放松一下，都会下意识地打开短视频刷一会儿，殊不知短视频才是专注力最大的杀手。这些短视频看似只占用了我们的碎片时间，但它的推荐机制只会推给你更多你感兴趣的内容，让你一刷就停不下来。更可怕的是，要从短视频里抽身出来回到专注状态，你至少要再花 30 分钟的时间才能完全调整回来。

如果你想要快速找到专注力，做事能够进入心流状态，我强烈推荐你这种 10 分钟音乐冥想的方式。在冥想的过程中，记得深度感受细节的东西，越是细节你的感知力就能越强地得到锻炼，也就越能够掌握自己的专注力，越容易帮助你进入心流状态。

方法 5　10 分钟 TED 充电法

如果你当下不够专注，可以在做事前看一集 10 分钟的 TED 演讲（网易 APP 可以直接看）。因为 TED 演讲的内容都是演讲者精心准备和筛选过的精华，并且演讲者的现场演讲往往富有激情，他们充满心流的状态同样可以感染你。这就是所谓"生命影响生命"。

我把这个方法分享给一些朋友后，尝试后他们告诉我这个方法对他们同样起到了作用。之前有段时间我心情很低落，我给自己设定了一段"7 天 TED 充电之旅"：每天给自己看一篇 TED，然后看完后写一篇 200 字左右的精华提要，只需写最启发自己的一个点即可。

这样每次我都能用 10 分钟短暂地体验一下演讲者的人生故事，被他的精神打动后我再回归到自己。连续看 7 天就相当于我吸收了 7 个人的人生精华，拥有了 7 种不同的生活态度，整个人都充满了活力。

这本书里关于 TED 的一些故事就是我在"7 天 TED 充电之旅"里收集到的特殊素材，没想到这些故事有一天可以成为我书稿里的一部分，果然每一次的经历都是有意义的。

方法 6　凌晨 4 点工作法

这是我经常能够开启心流的方法。凌晨 4 点我会比晚上 23 点熬夜更有灵感，因为知道黎明要来了，反而像在和时间赛跑一样，此时的我最容易进入心流状态。

我相信很多人在想要高效地完成手上工作的时候，会选择熬夜通宵这种极端的方法来让自己保持在一个完全清醒的专注状态。虽然在深夜工作效率很高，但熬夜真的很伤身体，久而久之不仅损害了我们的健康，还会直接影响到第二天的心神状态，所以我是万万不支持熬夜工作的。

我第一次发现"凌晨 4 点工作法"是来自某一个晚上。那天我由于工作太累就不自觉地在晚上 10 点的时候睡着了，等我再醒来的时候已经是凌晨 4 点了。那是我第一次在凌晨

4点自然醒，而且是完全清醒舒服的状态。我决定利用这早起的时间做点什么。我打开电脑开始写稿，结果发现脑海里无限的灵感喷涌而出，我的思路异常活跃和清晰。凌晨 4 点的窗外，街道上是零星的车辆，安静的夜很像深夜 11 点的样子。因为我知道早上 6 点时天会亮，所以疯狂珍惜天未亮前的"深夜"状态，像在和时间赛跑。等到天完全亮了，我在凌晨 4 点到早晨 6 点这高效专注的 2 小时里基本上完成了平时要 6 个小时才能完成的工作量。我甚至有种"自己比还在睡觉的人多活了好几个小时"的新奇生命体验。

后来我有次在书店里漫游，意外发现了日本作家中岛孝治写的一本名为《4 点起床》的书。书里分享了他实践十二年总结出的时间管理秘籍，并且用了一系列故事证明了 4 点起床是最养生和高效的时间管理方法。

日本还有位著名的脑神经医生，写了一本名为《为什么精英都是时间控》的书。他分享了很多管理时间的有趣方法，其中一个就是说人在上午起床后的 2 小时里脑袋是最清醒的。这时候的大脑就像一张空白的桌子，还没有被任何东西填塞，是展开需要脑力工作的最佳时机。千万不要一醒来就看手机，往这张干净的"大脑桌子"上倒垃圾。所以我刚起床的几个小时里只做文字输出的工作，绝对不去看大量消息往脑子里输入东西。

后来每当我手上有一些需要马上处理完的工作时，我就会用"凌晨 4 点工作法"。这种方法让我感到神清气爽，而且你看到的 6 点的日出也很像在奖励你前面 2 小时的努力和专注。

主动做时间的主人，不要虚度宝贵的光阴。我想起科比说过的那句："你知道凌晨四点的洛杉矶是什么样子吗？"请你一定要去体验一次，你会爱上这种掌握时间的感觉。

这几年，除了研究心流外，我同样也在研究心力，我想你一定听过"心力不足""心力交瘁"这样的词吧？甚至我发现，心力可能比心流更重要。

心流是一种偶然状态，而心力是一种内驱核心，后者会让我们更加从容。我还发现心力需要培养，所谓灵魂枯竭或没有动力，大多都是心力不足。身体里没有产生持续的能量跟上行为，也就没有行动力。

多看见大自然，链接有趣的人，接触你认知以外的事，常和自己对话冥想，以及多沉浸在心流里……这些都会增加你的心力。让你的灵魂更加坚韧，意志更加坚强，更热爱生活。

2.3　折叠时间和折叠使用

畅销书作家王潇在她的著作《五种时间》里，提出了一个有趣的时间概念。她将时间分为了 5 种：生存时间、好看时间、好玩时间、赚钱时间和心流时间。看过这本书后我会开始思考，我当下处于哪种时间？我是否需要及时调整我的时间分配？除此之外，书里还提到了一个非常有趣的概念叫折叠时间。时间居然还可以折叠？

我提出的热爱型商业模式从时间分类和折叠的角度上看，正是"心流时间＋赚钱时间"的结合形式。

比如你喜欢画画，那么你的"心流时间＋赚钱时间"就是卖画的时候；如果你喜欢文字，写出一本书的过程就是你的"心流时间＋赚钱时间"。当你完全投入一份热爱的工作时，这同样也是你的"心流时间＋赚钱时间"。把时间花在哪里，你就会收获到什么。

我总是在王潇的产品体系里受到很多关于热爱型商业模式的启发。作为一个创业者和内容创作者，王潇是非常聪明的。她既能把情怀和商业巧妙地融合在一起，也很懂得如何更好地"折叠时间"。

她的团队有一款名为《十个一生》的读书产品，参考了大量有世界影响力级别的女性传记故事和纪录片，而该产品的灵感却来自王潇对阅读的热爱。我们来看看对于"阅读"这件事，她是如何做到最大限度折叠时间的。

首先，读书的过程就是一个精神输入的过程。在阅读的时候，把传记里的内容通过自己的风格拆解成几个新的主题，如第一次发现热爱、心流经历、决定性瞬间、贵人和榜样、原生家庭等。我学到后也会开始在自己看书和观影的过程里，用"热爱型商业模式"的五步法来拆解一本书或一部电影，最后用这几个主题来串起这部电影带给我的启发。直到现在我都保留着这种拆书能力。

王潇将一些主题通过 PPT 视频讲解的方式，用大图和少量的重点文字讲述名人的故事。她将这个视频系列取名为《十个一生》，这个名字还能给人一种"我花了一分钱，但却买了十个名人的一生"的收获感。

王潇团队的《十个一生》收集十个有影响力的女性名人故事，最终被做成了含金量非常高的付费视频课。王潇为每期选主人公定的标准是："她终于成了她自己，无论她被世人贴了何种标签，无论她经历了什么，失去过什么，她终于渡过了自己的命运之河。"

我们一起来看看《十个一生》第一季的序：

这十个传奇女人的一生，
是时间留给我们的金色标本，
让我们知道有人真的在过去的时间里，
活出了闪闪发光的一生。

此生不想留白，活着就是为了到达。

十个一生里的她们已经抵达，
她们是潇洒姐的灯塔。

愿这次我们找到自己的灯塔，
换我们抵达。

《十个一生》中讲到弗里达·卡罗（墨西哥著名女画家）的这一集时，是这样开头的："这一集弗里达是大爱，如果你想迈进热烈、浓郁、极致的人生，她是灯塔。"

你说弗里达的粉丝看到这里，能不爱王潇吗？赶紧下单看看她是怎么讲自己偶像的。

《十个一生》很好地展示了"阅读"这件事的多种折叠，即好玩时间、心流时间和赚钱时间的三项折叠。该产品不仅聚焦女性人物传记，深度符合用户群体画像，还能帮助用户节省时间，在最短的时间里了解到最有用的传记精华和启发。这套产品目前为止为王潇带来了 50 万的变现结果，而且可以被反复折叠使用，不需要再花时间去打理和更新。

了解名人故事确实是非常好的充电方式。当你感到迷茫的时候，就去读读名人们的传记。他们真实的人生故事非常有感染力，你会在他们跌宕起伏的人生经历里跟随文字体验他们的一生，特别是在看到他们人生路上的转折点时，会得到一种巨大的共鸣和心灵鼓舞。

王潇说："我熬不住的时候，就去找厉害的人的自传里最崩溃的那段来读，先告诉自己厉害的人也很崩溃，然后再告诉自己厉害的人崩溃之后也需要继续熬。"

名人们都经历过低谷和痛苦，甚至痛苦程度远超过当下的自己。他们如此糟糕的情况都能克服，那我们还有什么理由不重新振作起来呢？正是因为他们最终选择积极面对并站起来克服困难，所以才会抵达他们的下一个里程碑，所以我们不能在困难面前放弃。

请你相信，你花的每一分钟都是在创造你心中的世界。只有我们真正重视自己宝贵的时间，把时间花在真正想做的那件事上，我们才有可能离理想的自己越来越近，才会收获到属于自己的果实。

关于折叠时间，我想再补充一点：除了时间可以被折叠，你创造出的某样作品一样可以被"折叠使用"，甚至因为被"折叠使用"，它的价值才能发挥到最大。

比如你要参加一场 1 小时的演讲，但如果只是现场讲完就结束了，那很可惜这段时间就只能"一次性"被使用掉了。但是如果你把演讲的过程用视频的方式记录下来并且得到传播，你的演讲时间就会被无限折叠成无数个 1 小时，从而让这可复制化的 1 小时内容产生了最大的价值。

视频记录是一个很好的可以"折叠使用"你发生过的时间的工具，它能让你的过去和未来通过同一个介质连接起来。

就像写书这件事，它集中花费了我 3 个月的时间，记录了我热爱变现的 5 年，相当于一本书里收集了好几年的时光。这些时光通过一本书得到传播，不停地被折叠使用。

今年（2023 年）我开始做播客栏目，我也会在每一次采访时录下我和受邀主人公的对话，最后把这段采访音频拿来做二次剪辑，变成了一期时长为 1 小时的播客内容。这也是同一段采访时间的多重折叠使用方法。

如果你还想更好地折叠使用这 1 小时的对话，可以在采访时用直播的方式多加一份"宣传"的功能，这段采访就具备了"收集故事＋音频播客节目＋直播宣传引流"三种功能，最大限度地折叠使用了这1个小时。

看电影的折叠使用也非常有趣。观影的时候，不要只把自己当成普通的观众，而是要把自己当成是这部电影的主角，想想如果你经历了这样的事情，你怎么做可以做得更好？你还可以把自己当成导演，如果由你来导这部电影，你会怎么安排每个故事线？你甚至可以把自己当成摄影师，思考怎样构图，怎样利用光影传达出你想要的效果？又如果你是配乐师，这一段故事情节你会用怎样的音乐来渲染？

用折叠使用的思维去看电影，你会发现看电影这件事就变成了你在游乐场玩耍，你在电影院里的每时每刻都在体验着好几种不同角色的生活，你的脑海里也已经收集了"观众、主人公、导演、摄影师、配乐师"的多种经历。

自从知道"折叠使用"的方法后，我开始尊重脑海里冒出的每个小想法。每当我有一个念头冒出的时候，我就会思考这件事有没有可以折叠时间或折叠使用的方法，以及如何把这个想法的效果和价值发挥到最大。

我写书的时候同样是在用"折叠"的思维做这件事。当我开始写书的时候，我会先假设自己已经是一位作家了，然后用作家的视觉去生活，感受世界，结交朋友。你会发现生活中的一切经历，都变成了随手可以捕捉的创意和特殊素材。

当我创建了热爱型商业模式后，我总是能快速捕捉到那些热爱变现的案例，对于每一个听来的好故事，我都会思考它处于五步法中的哪一步，由此不断积累我的论证。这些故事不是听完就消失的，而是可以被反复折叠使用的好素材，是一个可以讲给客户听的好案例，一条短视频内容，一篇文章，甚至成为一本书里的好故事。这就是一鱼多吃的折叠魅力！

之前我还被一个认知震惊到，大概是说做 IP 一定要懂得"一鱼多吃"。

你的一个内容既可以作为：客户内容，公众号，短视频，直播，出版物，课程。同一个内容，在自媒体体系里至少要运转 6 遍，才是一个合格的内容。

这个"一鱼 6 吃"的认知真的戳中我！你也可以理解为是一个优质内容的"复利效应"和"折叠使用"。

当你打开了自己的灵感天线，你会发现这个世界上原来充满了创意，你可以源源不断地从生活的素材里得到灵感。那一刻你会意识到，你的生命就是你所体验到的世界的总和。

2.4 个人商业定位

有一次有位记者问米开朗琪罗："您是如何创造出《大卫》这样的巨作的?"他答道："很简单，我去采石场看到一块巨大的大理石，我看到的不是石头，而是大卫被困在里面。我要做的只是凿去多余的石头，去掉那些不该有的大理石，大卫就诞生了。"

这个故事讲述了一个发现真我的智慧。我们每个人都需要凿去多余的"石块"，摆脱限制、阻碍、对失败的恐惧等这些多余的、妨碍我们成功的因素，从而充分地发挥我们的潜能。

大卫就是这块石头找到的真正的定位，你找到自己的定位了吗？

人唯一需要达成的是真我。我们每个人来到这个世界上都是一块石头，一开始我们并不认为自己是普通的，但经历了社会的毒打和磨练，慢慢磨去了自己的一些棱角，认为自己真的只是一块普通的石头。殊不知，每块石头里都藏着一个独一无二、还没被发现的"大卫"。你能凿开多余的石头，找到真正的自己吗？

2.4.1 个人的商业定位，往往藏在自己真正热爱的那件事里

不仅个人需要商业定位，一家公司也需要精确的定位，这样才能在茫茫市场中精准找到自己的用户。

特劳特是一家全球领先的战略定位咨询公司，由杰克·特劳特先生创建。创始人后来结合自己的从业经验，萃取了"定位"这一理论。后来他著书立作，写下了被财富杂志评选为"史上百本最佳商业经典"第一名的《定位》一书。特劳特在《定位》中说："在定位时代，你唯一能做到的最重要的营销决策就是给产品起名。"把这句话套用在起一个符合你人设的同时又能吸引大众注意力的"代表作"名字

时，就显得至关重要了。

有趣的是，特劳特本人就是结合了他们公司的业务特质写了这本书，既为全世界的读者普及了"定位"的理念，又吸引了更多读过这本书的潜在客户，真乃"一箭双雕"。时至今日，他的"定位"理论帮助全世界的公司和个人成功找到了自身的定位，从而更好地发挥出公司或个人的真正优势。

特劳特的故事还告诉了我一个道理：有时候，发现自己适合帮别人定位，可能也是你自己的"定位"。

很多人为了给其他人一个好的形象，往往会硬凹人设，结果人设崩塌后就再也坚持不下去了。这归根结底就是他没有找到自己真正的定位，最好的定位就是做真实的自己。

2.4.2　个人商业定位：3 个标签 +1 个高光事件

这里我可以给大家推荐一个方法，用来帮助你更好地找到自己真正的定位：写下你身边从近到远的 5 个朋友的令你印象最深刻的 3 个标签。

这个我命名为"标签提炼法"的方法源自于我参加过的一场创始人线下聚会，现场的主理人就是用"3 个关键词来介绍自己"的方法引导我们。当时这种自我介绍的方式立竿见影，我们通过最短的时间快速对一个人有了比较清晰的印象。我当时就觉得这种自我介绍的方式很有趣，而且 3 个也不多，言简意赅又容易被人记住。后来我又将"3 个标签"的方法用在了个人商业定位上。

我们还可以根据"3个标签"来判断你的热爱型商业模式可以往哪方面发展。我的事业标签是我很喜欢研究热爱变现，同时我还很热爱演讲，但如果我最终的人设只是演说家，这容易把自己束缚住，不能更好地变现。所以我热爱型商业模式的定位点就是：关于热爱变现的商业演说家、商业咨询师。

我还有一个标签是情绪感染王，这点在我做线下活动的时候非常有优势，我很容易感染观众，所以我的咨询项目里都会搭配一次线下闭门会。

我的最后一个标签是我向上生长、从不停止学习的精神。这意味着我擅长主动接触和探索新的领域，喜欢汲取源源不断的灵感。结合以上3个标签，我现在的工作是研究不同领域的热爱变现，非常符合我的个人商业定位。

你还可以通过自己做过的有成就感的"高光事件"里，找到你的定位。讲完你的3个标签后，再搭配一个人生高光事件，会更容易被他人记住，你的生命样本也会更加生动鲜明。比如我的高光事件是21岁时我用一本计划书拿到了15万的梦想基金，边旅行边拍纪录片。这个高光事件同样也充分点题了"热爱变现"的核心。

个人商业定位一般需要通过咨询进行深度了解和剖析，仔细研究自己喜欢做的那些事和给身边人留下最深刻印象的关键标签，挖掘出一个你的人生高光事件，你就能掌握轻松驾驭全场的个人商业定位。

第 3 章

用热爱赚到第一桶金

只有做自己热爱的事，才能到达真正属于你的地方。

　　用热爱赚到第一桶金是"热爱型商业模式五步法"的第三步。

　　欢迎来到第 2 阶段：用热爱变现。

　　热爱可以点亮人生，持久的热爱才能持久地点亮。当你确定了自己真正的热爱后，需要验证这份热爱的市场价值，即热爱变现。它不仅能够加强和优化你的热爱，还能够为你提供持久的燃料。

　　热爱变现是一个很重要的分水岭。因为"自我意识"和"确定真正的热爱"都是在帮助你"找到真正的热爱"，而只有经过第一次变现的验证和复盘迭代，你才能明确自己的这份热爱是否可以被打造成一份对他人有价值、对市场有吸引力的产品。相反，如果你觉得这样的变现让你很别扭，甚至没有耐心想去复盘，那么可以确定你属于热爱变现的第二类人，即找到自己的热爱但只是希望生活可以有些激情，不想发展成热爱的事业。因为如果没办法跨越内心用热爱赚钱变现的思维，这堵墙只会把你的热爱与商业变现永远地隔绝开来，那么你的这份热爱很大程度上只会变成你的兴趣爱好，而非你的事业起点。你要想清楚，自己愿意把这份热爱变成个人的终身事业吗？

如果你坦然接受这样的考验，那让我们继续回到热爱变现吧！这一章里，我想重点和大家分享如何用热爱赚到第一桶金的故事和商业思维。一个满怀理想的人只有做到了这一步，他才能真正地尝到持续且充分燃烧热爱的充实感，感受正向反馈的价值。

我在做《一百种生活》的那4年里，发现我拍摄的每一期主人公身上都有一个共性特质，正是这样的共性吸引我来到了他们身边——他们都找到了自己真正的热爱，并把这份热爱发展成自己的事业，主动打造出了自己的理想生活。

提炼出热爱变现的精髓后，我又做了一个聚焦热爱变现的财商故事系列《用热爱赚到第一桶金》。本质上，这是我将体验100种生活的过程中总结出的热爱变现经验应用到另一个可以真正帮助用户解决痛点的产品上。

以前我也很抗拒商业化，所以在做《一百种生活》的前两年我一直没有用这个栏目变现，所以常常出现两极分化的状态——我在体验生活的时候充满热爱，但我的钱包又让我变得很焦虑。这样两种状态一直折磨着我。

特别感谢我的好朋友 Jenny 有一天点醒了我，她对我说"小伊，有广告赞助你的商业价值才会体现出来。"我豁然开朗，不再抗拒在纪录片里植入广告，甚至很多主动找我合作的品牌甲方不让我硬植产品，只讲软性的品牌故事。能和品牌方一起讨论如何有创意地植入广告，其实同样也是很有趣的内容创作部分，我最想看到的不就是如何把热爱变得有价值吗？

神奇的是，自从我接受热爱变现的理念后，一下子就通过植入合作拿到了 5 位数以上的广告费，这让我看见了用心做内容传播的价值。自从打通了热爱变现的任督二脉，我又围绕 100 种生活的核心研发了几个有趣有用的产品，是这些产品让我与观众的联结更加亲密深远。我真正理解了那句："价格是价值的体现。"

梵·高在生前没能用自己的热爱变现，但死后他的画作被画商们炒到天价，这份天价正是全世界对于梵·高极致的热爱与认可。可惜他生前没有接受这样的商业思维，所以没能及时享受到这份热爱为他带来的价值。

3.1　把价值凝结在产品里

"当一个人做的事情和他的样子很像时，这件事就成了。"

理想 APP 里有一档我非常喜欢的台湾知名小说家骆以军的付费故事音频栏目，名为《故事便利店》。它还是这个

APP 上最受用户欢迎的故事节目，后来骆以军还根据这个音频内容出版了同名书籍。以下内容是这本书的介绍，我们来看看一个会讲故事的人是如何把自己的价值凝结在产品里，并且产生商业价值的：

"这是一家只贩卖故事的便利店。店长是华语文坛最会讲故事的小说家骆以军。商品：40 个故事、40 个魔术时刻、40 种人生启示。营业时间：24 小时开放、全年不打烊。40 个温暖爆笑的故事，像一列有 40 节车厢的火车，可供我们暂时栖息，可带我们去未知的远方流浪，陪伴我们失眠失神的夜晚与白天。"

这段文案从内容、收获、时间和感官上，给予了读者充分的想象力，非常有骆以军本人的风格特色。他用其独特的"故事炼金术"，点亮了属于故事的一个个魔术时刻。这就是他"讲故事的价值"凝练在"卖故事"这个产品上的体现。

王潇曾经写过一篇文章，讲的是她十年创业的历程。里面有句话我非常认同："你有价值，就想办法把价值凝结在产品上。"我们每个人都拥有自己独特地看待世界的眼光，你的精神情怀如果能够深深地鼓舞和影响他人，那这份情怀就是有价值的。那么，我们如何把这看不见摸不着的情怀，变成一个能被用户接受和使用，对他们产生帮助的产品呢？

3.1.1　画出你的热爱变现圈

这里我给大家推荐一个工具帮助你更好地变现——热

爱变现圈。这个圈里有三个重要的组成部分，分别是你的热爱、技能、用户需求。

首先需要明确你的这份热爱能够为你的用户解决什么问题。无论是用热爱赚到第一桶金还是实现闭环，核心都是"热爱＋技能＋需求"，缺一不可。这样你接下来走的路就有迹可循，不容易迷失自己。

比如你热爱文字，有写作技能和用户需求的产品可能是帮助用户写出有商业价值的文案；你热爱美食，又擅长做饭，用户需求可能是想吃美食或者想跟你学习怎么做美食；你热爱电影，又懂得讲电影，用户需求可能是看电影或想找你做电影清单咨询……我的核心热爱是研究可以热爱变现的商业模式，那么我的用户需求就是解决热爱变现的问题。

如果你只热爱音乐，但是写词或唱歌的技能都没有很好，那么你就不具备可以解决用户需求的能力，就会很难变现。

3.1.2　把热爱凝结在你的产品里

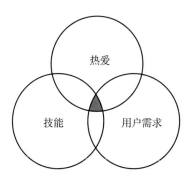

图 3-1　热爱变现圈

图 3-1 中间重叠的部分可以表示为：热爱 + 技能 + 用户需求 = 热爱变现的产品。

3.1.3　热爱变现的商业案例

在此和大家分享 6 个热爱变现的商业案例。其中每一个案例都凝练了创始人的极致热爱，他们利用这份热爱根据市场需求开发出产品体系，希望可以帮助你找到能启发你热爱型商业模式的样本。读者们在读故事的时候，也可以自行套用"热爱 + 技能 + 用户需求"的思维来总结产品，以此来加强商业变现的能力。

案例 1　热爱手账：做一个有自己精神凝结的手账本

王潇在自传书《按自己的意愿过一生》里写创业故事时提到了趁早效率手册，非常充满戏剧性。她原本的创业方向是做一家传媒策划公司，为大企业提供线下活动策划的服务。刚开始的创业路程非常辛苦，有一天她深夜跑到火车站拿一批要摆放在现场的货，火车站空无一人，她提着高跟鞋光脚跨过一道道深深的铁轨。她这样写道："我多么庆幸当时这个场景没有人看到，不会知道我有这么狼狈的时刻。"后来在公司的某一年年会上，王潇提议给客户们送一些礼物，因为自己非常喜欢记手账，所以她推荐给客户送手账笔记本。

那是王潇自己第一次参与了本子的定制和设计，首次印刷要满 3 000 册才可以。在送给客户公司 500 本后，还剩下一些手账笔记本。这时，团队小伙伴忽然有人提出将剩下的手账笔记本放在淘宝上卖，"趁早小店"由此而来。

于是那天下午，他们把笔记本的图片和链接挂上了淘宝，没想到当天下午就被一抢而空。这个结果是王潇和她的团队绝对没有想到的。

冥冥之中王潇意识到，她真正要做的或许并不是传媒策划公司，而是一家文创品牌公司。她从小就喜欢记手账，为什么不能把自己这几十年的手账经验做成一款自己的产品呢？

于是，随着她第二本畅销书的出版，她发现有很多读者从她的书中汲取她的价值观和决策方式。于是她果断关掉了自己的公关业务，带领团队全力研发效率手册。就是这款趁早效率手册，卖了十年，多年蝉联天猫手账笔记本榜单第一名，还拿下了中国文具大赏。王潇因为喜欢管理时间，热爱记手账，于是她把这份热爱的价值凝结在了效率手册的产品之上。让一份看不见摸不着的"情怀"一下子"实体化"了，更是通过一本本的效率手册，链接了很多新的同类伙伴。大家通过这本手册一起记录每年的成长，而这本手册也将王潇的价值观继续传播给更多人。手册就是她精神的产品和传播者。

天下网商的记者是这样评价趁早效率手册的："这不是一本普通的效率手册，这是一本附着了'励志女王'王潇意志力的本子，她把普通物品'精神化'了。"

说来有趣，我第一次接触到王潇并不是因为趁早效率手册，而是在某天午后我打开朋友圈，一位热爱阅读的好友发布了一条关于《五种时间》这本书的读后感，字里行间都非常吸引我。于是我在网上订购了《五种时间》这本书，看完后觉得作者提出的理论非常有趣且实用。

看完这本书后，我也非常希望能够好好地管理自己的时间，于是我想："如果能有个工具帮助我管理时间就好了。"我发现王潇的创业公司就是在生产趁早效率手册，我第一时间就在网上下单了一本手册，此后我也成了众多手册爱好者之一。每年换一个新主题色的手册来开始新的一年，也成了我"跨年"的仪式之一。

趁早这家公司打造出效率手册的爆款单品后，还围绕"自律向上"的核心精神，开发了一系列 100 天训练营和不同的时间管理工具。这些产品始终围绕着"趁早精神"，吸引着一批又一批渴望自律的女性群体。

所以，如果你是一个热爱管理时间、喜欢记录手账的人，你也可以把自己管理时间的方法和你的价值凝结在你的产品里，让它从一个"利己"愿望变成一个能够面向市场的"利他"产品。你也可以结合前面"折叠使用"里我写到的"十种时间"一起看，这也是非常好的"把价值凝结在产品里"的产品。

案例 2　热爱故事：把大 V 的影响力，变成你自己的产品力

新冠疫情暴发后，2020 年的春节变成了全国人民居家隔离的时光。人们没办法外出旅游，也很难和朋友线下见面交

流。当时，我的好朋友丸子找到我，提出了一个我们一拍即合的好想法——做一个"云环游世界"线上分享会。这个想法在当时可以说是超前的，因为那时还没有一家旅游公司或社群发起这样的活动。

我们每一期邀请三个不同旅行领域的大 V 来做分享，还分成不同的几季来增加内容特色。第一季主打"环游世界地图"系列，邀请了摩旅非洲的战地摄影师、探索南北极的畅销书旅行作家、欧亚非的环球旅行家……嘉宾们带来了"亚洲 11 个极致风光、地理解锁大洋洲、北美两巨头、南美洲奇异故事会、摩旅打开非洲大陆、南北极：旅行者的终极目的地等"精彩内容，带领观众解锁了在地图上环游世界的技能。

第二季我们主打"海陆空"系列，邀请了潜水、徒步、飞行领域的旅行博主。不同的嘉宾们从海洋、天空、大地三个方面，分享了人与自然的奇妙故事。我们这一季的直播内容还得到了知名旅游品牌的赞助。

第三季我们做的是"移动的家"系列，邀请了帐篷、房车旅行、异国沙发客的博主，分享了他们和"会移动的家"的奇妙缘分，以及如何与当地人成为好朋友的社交方法。

每一季都充满了创意，对于邀请的嘉宾而言，他们既不是有竞争关系的同行，又可以互相共享高质量的粉丝流量。更重要的是，在这段由疫情带来的特殊时光里，这样的活动简直是很多无法环游世界的用户的最佳"解药"。观众不仅能通过这样的线上活动和自己喜欢的博主近距离接触，还可以深度走进他们幕后的故事。

在邀请嘉宾方面，你可以用一部分优质嘉宾做引子，然后去吸引其他优秀的嘉宾，这就属于"互相借力"。这种"借力"的方法后来深深地影响了我。当我想要认识两个同样优秀嘉宾的时候，我会先和对方介绍另一位嘉宾的影响力，以此来组成一个多人局，并在其中和他们产生链接。而作为活动主办方的我们，尽管只有两个人，但因为每场都是三个自带流量的重磅嘉宾，所以我们在宣传造势上几乎不费什么工夫就能轻而易举地吸引到很多优质的付费用户。不仅让邀请的嘉宾觉得我们有能力链接其他优质嘉宾，帮他们搭建桥梁，还能让嘉宾们和其粉丝用户产生高黏性的互动，用这份热爱变现。这可谓是一举三得！

最后，我们在半个月的时间里共组织了三季线上分享会，私域共吸引到了 2 000+ 的优质旅游客户。他们中的一些人后面甚至成为我《一百种生活》纪录片的生活体验官和制片人，为我带来了不菲的回报。

如果当时没有和丸子一起发起这个活动，可能我会非常无聊且平淡地度过居家生活。而这段体验也给当时居家的我带来了非常宝贵的从 0 到 1 的热爱变现经验，以及链接优质人脉的能力。

案例 3 热爱音乐旅行：一周众筹 5 万元，带着尤克里里环游世界

前面提到的我的好姐妹丸子，是我在 2018 年一场名为

"周大福丝绸之路"的比赛里认识的。双双落选后，我们几乎是同时开始创作自己的旅行代表作。我踏上了拍摄和体验《一百种生活》的道路，而丸子带着一位摄影师好友制作了一档名为《从土耳其睡到摩洛哥》的沙发客纪录片。她通过睡陌生人家沙发的方式住进当地人的家里，完成了这场历时3个月的横跨中东非的旅行。

丸子会说中、英、西三种语言，是一个漂泊在世界各地的音乐旅行者。她在墨西哥搭过车，在亚马逊坐过船，在尼泊尔徒过步，在巴厘岛冲过浪，在泰北野过营，在哥伦比亚古巴街头卖过唱，在斯里兰卡骑摩托车环过岛，在阿根廷学过探戈，写过文案，做过领队，也当过代购。

丸子当时为了能够完成纪录片《从土耳其睡到摩洛哥》的创作，她想到了向网友们旅行众筹。她发出旅行众筹的第一篇文章时已经出国抵达了第一座城市土耳其。她的这个举动是想向大家证明，她不是说说而已，而是真的已经践行在路上了。并且不管能众筹到多少钱，这件事她都会继续做下去，这样的决心反而得到了更多人的支持。

一个真实的追梦女孩浮现在观众眼前，看着她踏上梦想的旅途，就像是看着她代替我们自己去实现不可能完成的梦想。后来这个纪录片上了湖南卫视的纪录片频道和《行者》栏目，丸子还被邀请到了《天天向上》演讲，就站在主持人汪涵身边接受采访。

当时丸子共有三档众筹方式和一档商业赞助。

众筹 1　9.9 元的付费分享群（限 300 位）

这个群的用户可以在群里看到丸子的每日动态分享，丸子还会在每天一个固定时间用一个小视频跟大家交流当日的旅行体验。

众筹 2　99 元的旅行明信片套装

为众筹者送一套土耳其、埃及或摩洛哥的手写明信片套装 + 付费分享群。

众筹 3　999 元明信片 + 一件当地艺术品

为众筹者送明信片套装 + 付费分享群 + 一件当地独一无二的手工艺术品。

一档商业赞助：5999 元

在全部短视频的片尾植入品牌 Logo。

所有参与 99 元以上金额众筹的小伙伴，名字还会出现在纪录片片尾的众筹名单里，相当于该纪录片是大家一起支持创作的。

通过这样的众筹方式，丸子的纪录片在短短的一周内筹集到了 5 万元。就是这 5 万元，支撑着她完成了后面三个月的旅行。

环球旅行结束后，丸子回归到她的生活。现在她定居在大理，偶尔还会去其他城市旅居一段时间。在大理的时候，丸子还发起了"摆摊卖故事"的活动，在大理街头为来自世界各地的付费旅人讲述她在路途中遇到的故事。丸子总能带给我很多灵感。之前她就和我提过这样的想法，她对我说想要做一个付费的故事音频，就叫《故事明信片》。别人只要花 29 元就可以买一个她亲自录制的故事音频，每个故事的时长为 5 分钟。那时我对热爱变现的商业逻辑一窍不通，并不很看好这件事。但没想到丸子把故事音频发出去后，竟然有几十个人买了她的故事音频。我吃惊道："这都能赚钱？"

当你身边有一个人通过热爱成功变现后，这件事给你的影响将是巨大的，因为那一刻你对这个世界的认知被刷新了——你知道原来热爱是可以变现的。

受到"卖故事"的启发，后来我决定把自己家的客厅开放出去，每周末招待 6 位陌生人一起做饭、聊天、讲故事。每人收费 129 元，后来我还推出了年卡服务，最后赚了 310 万元。

五年后，我开创了热爱型商业模式。在热爱变现这件事上，丸子绝对是我的财商启蒙老师，我们亦师亦友，互相给予了对方很多生活中的灵感和快乐。不过追求完美创作的丸子迟迟没有把她最初做《故事明信片》的想法变成实体产品，而我在历时 4 年的生活纪录片拍摄后，征得丸子的同意，在这个灵感的原型上开发了《一百种生活》的影集，这也是一个有趣的热爱变现产品。

《一百种生活》影集包含 18 张明信片，明信片上的图皆来自同名纪录片第一季 18 期的生活剧照。明信片底部有我在一个地方生活时得到的金句感悟（双英字幕），很像一张张的电影剧照。每一张背后都有一个二维码，扫开就是这一

期的生活视频。这些很像一张张的光碟，一张就是一种生活
方式。你把一张明信片送给一位朋友，就是送给了他一种新
的生活方式。

2020 年，丸子遇到了她事业上的合伙人蕊蕊和蕾蕾，并
加入了她们创立的尤克里里品牌，成为联合创始人。丸子把
她对旅行和故事的热爱，融进了她们制作的每把琴里，所以
每一把尤克里里背后都有一个专属的故事。其至在某个 5 月
20 日的当天，丸子曾带着一把表面空的尤克里里，在上海街
头收集了 30 多个来自不同国家的人写的"我爱你"的文字，
然后把这些满满的爱意打磨成了一款适合在情人节送的乐器
礼物。

丸子在设计热爱型商业模式上很有自己的想法。她是
我的灵感缪斯女友，每当我感到灵感枯竭或者遇到人生卡点
的时候，就会找她一起生活一段时间。我生命中的很多低谷
期，都有我的这位好友陪在我身边。我们每一次的灵感碰
撞，都意外地帮助我来到了成长的下一个阶段。直到现在我
都非常感激周大福当年的那场旅游比赛，让我们彼此相遇。

谢谢你，我亲爱的朋友，是你给予了我灵感、友谊和快
乐，在我寻找自己热爱事业的道路上为我举起火把。

案例 4　贩卖 1 000 场日落的沐沐

你听说过贩卖日落吗？

在中国的俞山岛，有一个收集和贩卖日落的岛主，他叫
沐沐。我曾经和我的两位好友前去拜访他，岛主是个很有想

法的 90 后。5 年前，他第一次来到这座岛的时候，就决定要在这里收集完 1 000 场日落后再走。

沐沐每次拍摄日落会在不同的地方，他收集日落的方法，就是用手机架在三脚架上，然后录制完一段日落的延时视频，今天会在一个海边录，明天爬到一座山头上录，后天在一艘渔船上录……总之，可以说是在这座岛的各个不同的角落里收集日落。

我来过这座岛屿两次，分别陪沐沐看过他的第 290 场日落和第 387 场日落，等这本书上市的时候，他应该已经收集到了 800 场左右。沐沐不仅收集美好的日落，他还想到了"卖日落"，怎么卖呢？

你可以花 199 元买一场日落，沐沐会在这个视频旁边放上你的名字，这就是一场专属于你的独一无二的日落，你也可以把它当成日落礼物送给你的好朋友，是不是很有创意？沐沐非常擅长将身边一切有价值的好东西变现。

除了收集日落外，他还喜欢在岛里上山下海捡破烂，遇到好看的小石头，就在石头顶上穿一个小洞，变成吊坠拿来卖。在海边遇到一些漂亮的大石头，就带回家里磨成杯子（他专门发明了一个可以磨杯子的机器）一个石头杯子卖 300 元一个，这是大自然里独一无二的作品。

有一次我去买他的杯子，挑到了一个里面是爱心的。沐沐说，他捡到这块石头的时候并不知道里面有一个爱心，你看石头里面也藏着自己的小心思。

不仅如此，沐沐还会在山上挖一些好看的小植物带回来自己种，弄成一颗迷你的桌上盆栽，再放在朋友圈里给老板们当"风水好物"来卖。他现在最稳定的现金流业务是卖鱼，每天傍晚在岸边帮渔民们一起整理今天的鱼货，还会把不同的鱼放在一个盒子里，摆放得五颜六色，充满创意，像一个民间艺术品。既有情怀产品也有实用产品，沐沐是很聪明的。

沐沐一直有一个心愿，就是能够在海岛上建一座"岛上书店"，你可以用几本二手书来换他的一场日落，他甚至为了这个梦想特地搭建了一座民宿。我总笑着说，他是为了安放他的这堆宝贝们，才决定开这个民宿的。

在沐沐捡的那些"破烂"里，确实有一些好宝贝。

有一天黄昏，我跟着沐沐去海边"捡宝贝"，刚好捡到一颗圆圆的漂浮球，是那种在渔船上经常挂着的漂浮球，里面是木屑，外面是一层白色的漆。长久的风浪，把这颗球的外漆和木屑侵蚀出了七大洲八大洋的形状，简直像极了一颗迷你版的地球！我不知道这颗球是漂浮了多久才来到这里，最后被我捡到。那天我拿着这颗球，感动得热泪盈眶，我的朋友们看着我的模样有点哭笑不得。

回到上海后，有一次我去见一位上市公司的企业家，刚好我那天身上带着这颗球。有一个交换故事的环节，我就与那位企业家讲了这颗球的故事。我激动地告诉他，这是一颗迷你的地球，我讲了自己是怎么遇到这颗球和那位神奇岛主的故事。听完后，那位企业家激动地从我手里拿过这颗球，转头问我：怎么卖？

这颗意外从海边捡来的漂浮球，最后被我卖了 5 000 元。从那以后，我开始重视自己身边的每一件事物。这就是一个好故事赋予这颗球的商业价值。

案例 5　热爱 LIVE 酒吧：一家北京酒吧里的商业灵感

自从我开始聚焦热爱变现后，生活中我更容易发现一些好的商业模式。当你找到自己的核心热爱后，你就能从这个世界里吸收到源源不断的商业灵感。

有一次我去北京探望客户，晚上在一家四合院 LIVE 酒吧里发现了这家店一个有趣的热爱型商业模式。这家酒吧的公众号里每天都会更新本周酒吧的驻场活动，用户随时能知道最新的活动是什么，而且头图放的都是需要单独付费的酒吧活动。进酒吧还要单独付费？

后来我了解到，老板是 Live 民谣的重度爱好者，这家酒吧每周五、周六、周日的门票都是要收费的，票价 80 元 / 位，周一到周四免费。因为周末来酒吧的人会很多，所以需要设置一个门槛来保证场内顾客的体验。

他们会针对不同的酒吧驻唱歌手来设定不同价位的门票，还会不停地寻找优质的嘉宾来留住顾客。这更像是在做一个线下的 Live 综艺节目。

后来我建议老板做一个每月纪念日的主题福利，增加老顾客黏性和裂变新顾客。酒吧每晚现场可以只推荐一款酒，请驻场歌手用音乐的方式贯穿这个产品促进二次消费。现场还可以采用添加酒吧微信送小食的方式留住私域，这样可以在微信朋友圈里售卖其他活动门票和产品。遇到好的线下酒吧活动，还可以同步开一场付费直播或免费直播，同时下方挂上门票和产品，让这段时间可以折叠使用。线下可以作为引流的抓手和打造用户体验，线上可以做私域和产品链。这几年因为疫情，线下门店大都生意惨淡，但引流到私域用户的老板，一定不会穷途末路。

案例 6　热爱文字：写文案居然有这么多的变现思路

李欣频出版过 30 多本书，2013 年曾入围中国作家富豪榜，她的作家变现之路充满创意。作为作家，她出版过 30 余本书籍，其中许多都登上畅销榜；作为老师，她开设过上百场线下课，场场爆满；作为旅行家，她带团去到几十个国家，期期抢订。她的每一个热爱都可以变成工作，每一天都活在热爱中，还能因此获得财富自由。

李欣频在成为"李欣频"之前，她就很喜欢文字和旅行，所以从她构思好未来人生蓝图之后，就不停地在思考"兴趣与谋生"的结合方式，既能给她带来创作，也能通过热爱的创作变现为她带来财富。

1）为容易赚钱的行业写文案

旅行需要很多资金，要想去更多的地方旅行，只能靠自己赚钱。于是李欣频开始了她的文案之路。刚开始她给台湾诚品书店写文案，但由于当时的诚品书店规模还不够大，所以她的文案并不能换来太多金钱。

李欣频热爱文字，她也非常聪明地知道怎么去变现。为此，她选择进入房地产公司。因为当时台湾的房地产行业非常兴盛，给公司写宣传文案能够获得丰厚的收入，而且最吸引她的是公司每年都会奖励员工去欧洲旅游。这也开启了李欣频旅行见世界的第一步。

李欣频在房地产公司工作期间，她的工作有时不是在办公室进行的。她常常跟老板说："在办公室写作没灵感，我要去咖啡厅。"因为当时的老板非常喜欢她的文字，所以就同意了她的要求（我读到这段故事的时候非常震惊，意识到"原来当你有自己核心优势的时候，我们完全可以用结果来打破一些规则"）。

她说当时的自己如果一天要以 100 分钟赚 100 元这样比喻的话，那么她会用 99 分钟写诚品文案赚 1 块钱，用 1 分钟写房地产文案赚 99 块钱。就是这样的一种思维，让她为自己一出社会就创造出了一种既能够平衡热爱又能够保有丰厚经济收入的工作方式。后来她靠着在房地产公司赚的钱，"富养"了自己。而她在为诚品书店写文案所累积的作品，最后变成了她出版的第一本书，正式开启了她的作家之旅。

好的广告文案，本身就兼具了创作美感和商业价值。

2）把体验写成书，变成课堂

李欣频老师曾经到印度参加了一次 21 天的冥想修行，这期间不能讲话也不能看手机。因为这趟旅行很与众不同，于是她用作家敏锐的感知力，把当时这趟独一无二的生命蜕变之旅体验如实地记录了下来，最后写成了一本《做自己的先知》，影响了不少 35 岁左右正逢人生转折期的读者们。

这本书的目录很有意思，是由"第一天、第二天、第三天……一直到第二十一天"的章节组合而成，每一章都有一个副标题来凝练这一天的心得。

后来李欣频在开设线下年度大课的时候，又把在印度冥想的方法和体验分享给了她的学生们。她的这段旅行就是在最大限度平行演化了她的生命，将同一段经历衍生成了"旅行体验＋书稿内容＋心灵蜕变＋开课分享"的多层次使用体验。

这让我想起李欣频曾经的经历，她的父亲希望她能读博士并从商，母亲希望她能当老师，而她自己希望成为一名作家。她强化自己写作的优点，在北京大学读博期间教书，又把教书准备的教案内容整理成了自己的书稿，同时实现了父亲、母亲和自己的愿望。她的人生不是做选择题，而是在做加法练习。

提到写书这件事，在李欣频 28 岁出版第一本书时，曾有人冷嘲热讽地问她："你年纪轻轻有什么资格写书？你才做文案几年就能出版文案作品集？你要爱惜自己的羽毛呀。"但李欣频却坚定地回答："羽毛是用来飞的，不是用来爱惜的。如果羽毛拿来爱惜，你就没有任何飞的可能性。"

这段话简直让人醍醐灌顶！当你可以用文字为读者构筑

和展示你的世界时，你就可以大胆去写源自于自己生命独特体验的书了。不要害怕自己的年龄和经历不够，你的羽毛本身就是用来飞翔的。而当年那些说李欣频出书太早、说要等自己准备好了有足够经验再出书的人，到现在五十多岁还是一本书都没有出。

写书可以从自身开始。如果你是个不快乐的人，你想寻找这个世界上 100 种快乐的方式，那么你就可以去访问更多已经找到快乐的人，然后写下他们快乐的方法。谁不想了解 100 种让自己快乐的方法呢？

3）用三个月赚到一年要用的钱

如今李欣频已经探索出了一套适合自己的生活法则，她曾经这样说："你能不能在 3 个月的时间，把去年一整年的收入都赚到？做到这一点，其实一点都不难，只需要你把去年的收入比例以及赚钱的方法做一个分析，就可以找到有效的时间分配方法。把这 12 个月的工作量去芜存菁、高维精准地以 3 个月去完成，剩下的 9 个月并不是要求你去赚 4 倍的钱，而是用这个时间去开创实验，去尝试各种各样你喜欢的事情，不带目的性也不带任何生存焦虑。这将有机会突破你金钱天花板的设限，实现你财富自由的第一步。"

第一次读到这样的文字时，我承认自己被这种思维深深地震撼住了。原来我们还可以这样生活！

这让我想起曾经在 TED 上听到一个讲者的分享，他提到每过 7 年他都会拿出一年时间来休假，抛开工作做自己富有创造力的项目。我的思路同样被打开了。生物学上，我们的细胞有一个规律的新陈代谢周期，每 7 年我们身上所有的细胞都会被换掉。所以我觉得用每工作 7 年放自己一年梦想假，真的很有必要。因为人没有办法一直在工作和输出，我们也需要给自己充电。

我至今都保持着每工作半年就找一个喜欢的地方闭关旅居一个月的习惯。那一个月我推掉了很多咨询服务，不工作只充电，从短期上来看虽然失去了一些经济效益，但因为在闭关时获得了新灵感和进行了思维优化梳理，所以闭关后的第二个月工作效率很快提高，收入实现了快速的翻倍。

在工作的时候我会期待假期的到来，因此而充满了赚钱的动力。在享受假期的时候也会对工作的时间充满感恩，同时带来更多的灵感，这是一个非常好的平衡方法。

当你的热爱变成了一个可以看得见摸得着的"产品"时，它可以是知识付费的虚拟产品，也可以是某款实体产品。用户在使用"产品"的时候，就是在不断地和你的价值观同频共振。同时，你也在用自己的"产品"吸引和创造自己的"部落"。

就像王潇因为喜欢阅读名人传记，所以开发了《十个一生》知识付费产品。她还将自己多年做手账的习惯和方法论，运用到了自己原创的效率手册中。而有手账需求的用户，因为购买了王潇的手账而深刻地理解了她的产品精神，从而继续购买她的书籍或者其他产品，形成了黏性很高的用户群。反之也是，她的书吸引了一群同频的书迷，书迷再转化成购买手册的用户，以此形成一个良性正向的循环。

一个优秀的产品本身就凝结了你最有价值的精神，它最终会像你的一个"分身"，把你的声音和理念带给更多人，这些人终将形成你自己的"部落"。把这份价值凝结在产品里，保持专注，你并没有失去自己的梦想，你只是选择了做一个不失去理想的现实主义者。

日本有一个集团叫明和电机，听名字就感觉是一个非常无聊的电器公司，可这家集团的老板偏偏只有一个独生子，孩子必须继承自己的衣钵打理家族产业。但他的儿子却酷爱音乐。面对这样的情况，孩子是该听从自己内心的声音，还是听从父母的安排接管企业呢？他不做选择题，而是把二者结合起来。他接管了父亲的公司，并把公司里的电器产品都改成乐器，把电锅变成鼓，把冰箱变成琴，把公司里所有能够改造的东西都变成乐器。

当时这样的做法也遭到了家族企业里老员工们的反对，但他反而让这些不能解雇的终身职员穿上明和电机的制服，教他们怎么玩乐器，把这些员工们组成了一个乐团，参与世界巡回演出。最后他为公司创造的效益超过了他的父亲，而经他所改良过的乐器还获得了许多国际上的设计大奖。

这是一个非常智慧且有创意的，把热爱和商业融合在一起的真实案例。

纪录片《富豪谷底大翻身》里的亿万富豪格伦，他为了向这个世界证明"钱不是最重要的，最重要的拥有赚钱的思维"，只身一人来到陌生的城市，只带 100 美金，打赌要用 90 天的时间在这里赚到 100 万美金。如果没有做到的话，他就自己捐款 100 万美元。

于是格伦开始从废弃的垃圾场里找到可以转卖的橡胶轮胎，从房地产中介那里淘到便宜的房子自己装修得焕然一新，再转卖给房客，在当地盛大的节日现场卖气球和道具，暴赚几千美元……最终通过日积月累地对当地的观察和了解，他找到了在这里可以做成百万生意的创业赛道，那就是开一家啤酒烧烤店。

为此他开始寻找合适的团队人才，中间经历了非常多的挫折，但他最终成功地把一家啤酒烧烤店经营起来。一直到考验的最后一天，他才向他的团队成员公布了他亿万富豪的真实身份。而他们一起创立的啤酒烧烤店，估值也接近 100 万美元。

一旦你拥有了财商思维，你可以随时随地发现和创造财富。

3.2 我的第一桶金商业思维

我的第一桶金 15 万是我用一页纸、一个小时赚来的。那一年，我 21 岁。

这份经历只能从勇气上给予读者经验，真正用热爱赚到第一桶金的底层逻辑一定是可复制可学习的。后来我又在体验《一百种生活》的旅途里发现了各种各样的变现方法，不断地用热爱赚到第一桶金。我身边的朋友常常对我说："小伊去到哪里都能活得很好，因为你总是会发现商业机会。"

德国作家博多·舍费尔的《小狗钱钱》一书里，富人对吉娅说："只要你能发现一个机会，那么你的一生就会发现无数个机会。"正如书中所说，赚钱的关键是我们有没有锻炼出自己的财商思维，这点很重要。在这个过程里，我越发相信：如果你的梦想因为没钱而被放弃，那其实代表着你没有那么想实现它。因为真正想做到的人，一定会为了养活这个梦想而想到各种各样的方法。感谢自己这几年不断在折腾新的点子，从而锻炼出了自己从 0 到 1 的产品思维。我很喜欢在过程里挑战自己，在最艰难的时候总是能想出很有创意的变现方法。我靠这些在深夜忽然蹦出的金点子，一次次在现实的生存缝隙里活了下来。

那么，我在不上班的这几年是如何通过自己的热爱赚到不同的第一桶金的呢？

1）热爱生活体验，邀请一个嘉宾跟随拍摄——生活体验官

我第一年创作《一百种生活》的时候，没有粉丝没有流量，在一无所有的状态下开始创作，可以说是非常艰难的事情。特别是在 15 万最后一块钱花掉的那一刻，我开始有了生存担忧。这意味着我要开始从这件热爱的事情里找到稳定的现金流业务赚钱养活自己了。

后来，我遇到了我的第二位贵人粟先生。他十年前在上海白手起家，将一家环保公司做到了上市。财富自由后他退出了公司的管理，在上海郊区的花园别墅里怡然自得地生活着。

和粟先生的相识，完全是一个意外。当时我有一位导演朋友引荐我们认识，我那位朋友原本是想找粟先生拉一些投资赞助，没想到我和粟先生却机缘巧合地成了忘年之交。

我觉得人生里能够结识有一个比自己年长儿十岁，已经取得成功并且还愿意倾听的前辈真的很重要。当时，为了能继续创作《一百种生活》，我将自己无法持续变现的烦恼告诉了他。没想到粟先生帮我做的第一件事，就是帮我整理在拍摄纪录片时的团队成员的责任划分。于是我在一张白纸上列出了我所需要的团队成员，这时粟先生对我说："你为什么不找一个愿意向你付费，并且和你一起旅行的人呢？"那一刻，我豁然开朗！

在这之前，有很多人提过让我带个团旅行拍摄的建议，但都因为我想要专心创作纪录片而拒绝了。但粟先生的提议不同，他知道我的目的并不是赚钱，他知道我真正的热爱和初衷是想完成自己旅行纪录片的创作。于是，他提出可以找一个"生活体验官"的付费角色，相当于这个节目的嘉宾，由我带着这位嘉宾一起体验和参与当地的生活。

这个点子简直太棒了！既不影响我创作内容，也给了我一份资金保障帮助我完成单期的拍摄。而这个生活体验官，既是我的客人，也是支持我实现梦想的"单期赞助商"。于是，我决定每期拍摄时都招募一个生活体验官，邀请他和我一起体验这一期的生活，同时他也是第三主人公，用更真实的客观角度感受生活。

真正让我下定决心开始"生活体验官"的招募，是在2020 年的 6 月我拍完第 14 期的蒙古包生活后，我从内蒙古回到上海，全身上下只剩下最后的 9 块钱（天呐，我之前一直处在只热爱不变现的怪圈，居然坚持了 14 期才开始真正变现）。

有一天晚上，我的一位好友让我帮他开车，车停在出口缴费处的时候要付 10 块的停车费，当时我的账户只剩下 9块钱。我就愣在那里迟迟没有支付，还支支吾吾地和我朋友说："你付一下，我不方便。"

那天，我几乎是红着脸开回家的。回到家后，我痛定思痛，告诉自己不能再这样下去了！于是我想起了粟先生和我说过的招募生活体验官的事情。当晚，我就发了一条招募的朋友圈。

其实我当时并没有找好接下来要去拍摄的目的地和主人公，只是凭借自己的第一直觉想接下来想去体验的生活。于是，我列出了吊脚楼、星空野营、北疆小木屋、喀什老城、山西大院、四合院这些地方。我决定了，之后我就要去这些地方拍摄和生活！

于是，在没有联系好主人公的前提下，我在网上找了每一张可以对应这期生活的当地照片，用"××生活"做大标题，右上角写上第几期做了宣传海报。每一期海报底部还有一句话的浓缩行程介绍，如：

北疆小木屋生活：在神的后花园里，和图瓦族房东在大自然里生活；

葡萄沟生活：探秘大美吐鲁番，体验睡在葡萄架下的生活；

草原游牧生活：住进草原秘境，跟着哈萨克房东骑马放羊做牧民；

北京四合院生活：在百年历史的四合院里，跟随当地人重返老北京生活；

......

这些生活只是听着，就觉得十分美好。

当时虽然具体行程还没有定好，但我知道下半年我一定要去这些地方体验生活。我设定"每期仅限一名生活体验官"，没想到朋友圈里听过我之前旅行故事的人，第一时间都来报名了。就这样，我在非常短的一个小时内，眼睁睁地看着我的账户余额从9元变成了2万元。那天凌晨1点，我激动地跑出去，一个人站在空无一人的大街上号啕大哭起来。

那一刻，我感受到了什么叫做"只要你在路上，全世界都会帮你"，而这种通过自己的热爱赚到钱的感觉，真的有"梦想照进现实"的踏实感。

不同的体验官们，也为我带来了不同的《一百种生活》。

钢琴家体验官说：100种生活是100种不同的音乐。

建筑师体验官说：100 种生活是 100 套不同结构的房子。

还有人告诉我：我心中的 100 种生活是 100 个不同家庭的故事，是 100 个平行世界的自己，是无论何时都敢于开启新生活的勇气。

……

每个人的视角都很有趣，他们的到来给整个纪录片注入了一股全新的能量。不同的人带着不同的社会角色和视角走进这 100 种生活，感受不同而多元的生活魅力。是因为他们，我才渐渐找到拍摄《一百种生活》的意义。

所以，如果你热爱旅行和体验生活，你可以考虑带团。但如果你不想带团旅游，也只想像我一样只完成视频创作，可以招募一个限量版的高端付费客户，帮你完成每一期的创作。你可以取一个和自己的栏目风格一致的用户名字，比如我是体验 100 种生活，所以我的付费嘉宾叫生活体验官。

我非常喜欢给我这些变现的项目取名字，这样看起来既不会太商业化，也凸显了创始人的创意。

2）邀请有钱有闲的铁粉们加入纪录片智囊团——梦想制片人

如果说上面提到的生活体验官是用参与单次活动的方式来变现，那么梦想制片人就是我为那些有钱有闲的想成为制片人的伙伴量身定制的。

拍《一百种生活》第二季的时候，想到身边其实一直有很多人想支持我的梦想，于是我萌生了"梦想制片人"的合作方式。邀请有钱有闲的粉丝出资加入，成为梦想制片人。每位制片人支付一笔钱，然后在纪录片的片头片尾加上他的名字。我们还会共同组建一个梦想制片人的内部群，用来深度讨论这一季的创作内容，也会在第一时间把开发出来的文创产品寄给这一季参与资助的制片人们。

这个想法很快迎来了巨大的反响。我在一个小时里就收到了27位用户的合作意向，我本可以照单全收，拿这27万来做事，但我最终只选择了7位，因为我知道自己需要多少钱做多少事。

所以，在2021年第二季纪录片还没开拍的时候，我已经收到7万元的拍摄费用，也慢慢固定下来了自己的拍摄和运营团队。

这一季我们接到了很多广告邀请，线下分享会也常常满场，还会有一些线下品牌的赞助。我越来越能找到"热爱变现"的感觉。

3）热爱商业思维，带创业者们一起去富豪家里吃饭——贵人项目

我和贵人粟先生在拍摄第23期视频的时候，意外开发出了"贵人项目"。这是一个帮助创业者赚钱的付费计划，口碑炸裂。

粟先生是我在上海认识的最喜欢和年轻人讲故事的人，他有很多故事我听过一遍后能记在心里激励自己好久。每次在我最黑暗无助的时候，他教会我如何自己帮自己，带我一

次次从绝望中找到希望。这种方式会让人觉得人间值得，我真的很想让更多人也能体验到。我几乎可以肯定，只要多在粟先生身边学习，你也会想出更多的金点子。

第二季的《一百种生活》，我将视角聚焦在了"在魔都的 6 种生活方式"。我想起已经财富自由的粟先生和他美丽的花园别墅，萌生起了"邀请他拍一期富人的生活"的想法。当我向粟先生提出拍摄请求时，没想到他因为不想高调展示自己生活而拒绝了我。尽管我十分理解他的顾虑，但我又实在不想放弃这么好的主人公和故事，怎么办呢？

这时我忽然想到，粟先生一直都很喜欢和有想法正在创业的年轻人们交流，而且在公司上市之前当过好几年的教师，在教育这件事上，他充满热情。于是，我想到把"创业 + 教育"合二为一，在粟先生的别墅里拍摄他指导创业者的故事。一想到这儿，我莫名激动了起来。我又给粟先生打去了电话，表达了这个想法。没想到粟先生听完后，很惊喜地对我说："你随时随地都有金点子。"他终于答应了我的拍摄请求。

我们把这场"帮助创业者找到能赚钱的创意"的活动，取名叫"贵人项目"，付费 1 299/ 人。因为我之前有过被粟先生指点迷津后成功变现的经历，所以吸引了很多人来报名。为了能够让每位真正在做事的创业者有充分的时间介绍自己的项目，我们最终决定每期只选 5 位候选人进入最终名单。

"和优秀的人多交流才是最快的成长途径，改变的关键是学习和圈了。"

我带着几位创业者来到粟先生的家里，进行了花园下午茶和晚宴，期间不断交流彼此的商业模式，也进行了适当的资源对接。"贵人项目"在我拍摄结束后还连续做了好几期，收获了很高的反响。其中一期还拿到了一家投影品牌的广告资助，可谓是一举三得。

到现在我喜欢给自己热爱变现的项目取名的习惯，都是受粟先生的影响。如果说最开始给我 15 万的天使投资人是我追梦路上的第一个贵人，那么粟先生就是那个点拨我的财商教导我如何用热爱和优势赚钱的第二个贵人，是他带领我走上了用热爱变现的道路。

如果你也喜欢为创业者们组局，可以用付费限量的方式来提高门槛筛选用户，保证每一期参与用户的质量，而且一定要是一群在做实事、付费意识强的高净值用户。

4）热爱社交组局，那就卖个故事空间

其一，森林小屋

我始终相信：这个世界上没有陌生人，有的只是还没认识的朋友。

2019 年是我创作《一百种生活》的第二个年头，当时我觉得自己进入了创作瓶颈期，很需要多一些交流来充电。有一天，我坐在客厅的沙发上，环顾四周。忽然，我觉得自己可以在这个房子里制造一些美好的故事。

我想到每周末邀请 6 个陌生人到我的客厅里，我们一起做晚餐。我当时租的房子里还有一棵树，我们就围成一个圈，坐在树下点上蜡烛讲故事。后来我把这个房子取名叫"森林小屋"，我希望回到家的自己就像精灵飞回自己的森林一样自由而美好。家给人的感觉不就是这样吗？

森林小屋的活动最开始是免费，第一批我邀请了身边的几个好朋友，后来朋友带着他们的朋友来，越来越多人知道森林小屋。于是我忽然想到可以用这个空间，做一个轻量化的收费模式。后来我为这个项目量身定制的热爱型商业模式是这样的：单场收费 129 元 / 人，年卡 588 元 / 年，共 6 次，引流到我其他项目的万元级高端用户……该项目的核心还是活动付费。

截至 2021 年，森林小屋共举办了 50 期的活动，累积招待了 598 位的魔都客人。

我感觉自己在魔都建了一个可以给年轻人讲述心事的乌托邦。森林小屋是现实版的《爱情公寓》《解忧杂货铺》《圆桌派》《深夜食堂》《向往的生活》。真的很神奇，那个场域建立起来后，吸引了大量的优质的、不同职业和年龄的人。

过去 50 期里，小屋的客人有：有家里有"矿"也要出来为理想工作的独立女性 Coco，有一年换一座城市生活的潇洒青年赵举文，有靠自己努力一步步赚到在上海有房有车的总裁助理小陈，有在自己房间里栽满植物的画家朋友平，只用 200 元就出发坏游中国 600 多天的背包客汪文辉，有白手起家给我人生启发的企业家贵人粟先生……他们既是听故事的人，也是讲故事的人。

和他们交流的感觉像精神上带我走上了一条"我没有走过的路"。在这些客人中，我尤其喜爱和年长我很多的人交流。和他们对话时，就像和不同年龄阶段的未来的自己对话。

当我和 26 岁的人交流时，我会想象自己 26 岁时会做什么事；当我和 30 岁的人交流时，我体会他们三十而立的里程碑事件，以此来警觉自己。当我和 42 岁的人交流时，其中有人告诉我一定要保持热情，因为那非常难得。我因此十分珍惜我的每一岁。

所以很多时候，是他们的故事帮我解答了一些人生疑惑。我是那个站在 25 层，看到远方河流被山挡住的人，可楼上的人却告诉我，那山的背后其实是汇流后的汪洋大海。就是这样，他们的到来常常给了我很多希望。

最开始森林小屋只是在一座公寓里，后来我还开发了升级版的"移动的森林小屋"。把它搬进了上海的各个不同风格的城市民宿里，如石库门弄堂、法式老洋房、屋顶阁楼等。我把客人们带去不同的房子里，感受房主人的生活态度和面对面聆听他的故事，这样也可以偶尔换换新的环境。千奇百怪的房子里，包容着不同的人和不同的人生。

他们的到来给我带来了各个行业的最新资讯和有趣的故事，丰富了我的世界。这种感觉就像给我的人生开了窗，每一场都给我的人生开了六个不同的窗户。

我们每个人都是一趟列车，在自己的轨道上单独行驶。

列车上有窗户，有的列车可能比较闭塞，只开了一两扇窗，但也有些人会在自己的列车上开好几个窗口。透过不同视角的窗口，你甚至能看到其他的列车。你可以探出窗口跟别人打招呼，然后对方也可以把他列车上的窗口分享给你。我当时在做森林小屋的项目的时候，脑海里不停地浮现列车和窗户的画面。我把这种时刻，称之为"收集能量"。这种能量收集得越多，你眼睛里的光就会越亮。在森林小屋里，我们的舞台没有镁光灯，没有千人座位，没有话筒和音响，只有6个人和一盏小小的蜡烛。你要来坐坐吗？

其二，其他空间的变现玩法

（1）书房电影院。在做"移动的森林小屋"的时候，我结识了同样因为喜欢故事而把自己家打造成社交空间的谢旺。我把我的房子取名为"森林小屋"，而谢旺则取名为"明室"。

这是一间在绍兴路上50平方米的小房子，这里既是谢旺的家，也是他招待客人的故事空间。房子四壁都是书柜，柜子里放满了各种各样的书籍。谢旺还买了投影仪和幕布，每天邀请陌生人来看电影。整个空间虽然不大，但有很多把小椅子。一张沙发椅拆开是床，折叠后是可以坐的椅子。客人们甚至还可以席地而坐。小小的房子里最多可以容纳30人在现场一起观影。

书房电影院每天的门票在20～50元/人不等。谢旺还会根据不同的主题节日来放映不同的电影，观影前会有一个专

门的影评家介绍几句影片创作背景，结束观影后每个人可以
自由发表观影感。

最神奇的是，谢旺的本职是一个工程师。白天他上班做
一个普通的打工人，下班后就回到明室给大家放电影，体验
着在这个世界上的双重身份。这个藏在弄堂里的小众店铺，
用自己 50 平的空间打造了一个为年轻人定制的小型影院。

（2）蓝带私厨的家餐厅。同在上海的法国蓝带私厨毕业
的 Lee，因为不喜欢在餐厅里为甲方打工消磨自己的时间，
于是他在上海租了一个一百多平方米的房子。这个房子既可
以当作是自己的家，也可以把厨房、餐厅和客厅开放给陌生
的客人来消费，来享受只能在 Lee 家里吃到的美味晚餐。

Lee 的晚餐从 158 元普通晚餐到 358 元创意料理不等，
两人起订。每个到他家吃饭的客人，都会像来朋友家做客一
样温馨。而且 Lee 的手艺总是让客人们赞不绝口，他上完一
道菜后，还会和客人分享做这道菜的灵感故事。

所以，如果你刚好也喜欢收集故事，喜欢社交，喜欢和
陌生人一起讲故事，或者喜欢做菜，你也可以创造一个有你
自己场域的空间。这个空间会吸引和你有越来越多同频的小
伙伴。千万不要不好意思收费，记住"价格是价值的体现"，
免费的往往得不到重视和珍惜。

5）热爱阅读书籍，那就卖我的"一页书"

这个创意变现，灵感来自森林小屋的某一期活动上。当
时我和几位客人的讨论话题是关于"分享一个你的好习惯"。

于是我就分享了自己从 18 岁到现在，一直都保持着的阅读和做书摘笔记的习惯。

我常常因为一句戳中我的话而去看了整本书，后来我把那些最精彩的内容都收集在了一个本子里，我给这本读书笔记本取名为"一页书"，一页即一书精华。我会边看书边折角，等这本书都看完后，再用 1 个小时的时间把这本书里值得摘抄的金句好段整理在本子里。从 18 岁记到现在，我总共记了 7 本读书笔记，包含了 200 多本书的精华段落。

那天我聊完后，客人们对我的读书笔记很感兴趣。我赶紧问他们："如果这个笔记我拿去卖，你们愿意花多少钱来买呢？"他们告诉我："一两百没问题。"我猛地嗅到了新的商机。

后来，我就把自己的读书笔记整理成电子版内容，上传到知识付费的平台上，当时卖 99 元 / 份，这份读书笔记最后为我带来了五位数的收入。不过这个项目在赚到第一桶金后就夭折了，因为在后来的用户调研里我发现：用户想看你的读书笔记，但是他不想花时间去看。

和樊登读书的创业开始一样，樊登当时做的是把书的内容放在 PPT 里，结果发现他的用户买完后不会去看。后来我把分享读书笔记这件事变成了引流的一种方式。我单期分享一本书的内容，每个月用图文的形式给用户分享一本好书和好电影。这样既能够帮用户节省时间，又便于转发分享，还能聚集同频优质的用户。

这里也可以顺便和大家聊聊我的读书习惯。一本书拿到手后，我通常是先看一遍这本书的目录，然后从目录中大致了解这本书的内容，再从目录里找到自己觉得最感兴趣的一章内容来读。如果这部分的内容我看完觉得很有价值，意犹未尽，我就会愿意花更多的时间专注地把这本书读完。

之前我和朋友有一个每月一次的午间读书会。我会在这个月找一天来做读书日，我们各自读一本自己喜欢的书，然后再用讲故事的方式将书的内容复述给对方听。这样不仅能够强化我们对这本书的印象，还可以锻炼我们表达故事的能力。这个习惯我已经保持一年了，我现在之所以能快速表达一个故事，很大程度上得益于读书日的锻炼。

我个人最喜欢和最经常拿来做复述的故事书，是安房直子的童话系列。这是一套写给成年人看的童话书，书中的每一个故事都仿佛把你拽进了无忧无虑的童年时光里。里面的故事非常纯真且新奇，属于那种打开后就爱不释手，很舍不得读完的好书。

每个人读书都有自己不同的方法，以及自己感兴趣的书单。如果你热爱阅读，可以试着把你的读书笔记变成某种产品，或者付费分享你独特的读书心得。你所选择的书，也代表了你的某种精神，是这样的精神吸引了真正被你打动的用户。

6）热爱记录生活，开发100种生活短视频训练营

这个创意是继"生活体验官"后，又一个非常符合"100种生活"风格的"热爱变现"，可以教大家如何用视频记录

生活。这是一个我们和某学院联合开发的课程，第一期招募了近百位的学员。这门课程直到今天每个月都还在为我带来一定的收入。

有一堂课，我给大家布置的视频作业是"记录你的一天"。学员们用最简单的镜头和剪辑，记录下了他们最真实的生活。这项作业收集 100 个学员的 1 天，就是 100 个人的100 种生活。

我们当时还在微博发起过"100 种生活短视频创作营"的话题，所有学员都可以在这里共同创造话题事件，分享他们的生活。最让我感动的是，通过他们的视频作业，我真正看见了 100 种生活。

我还有一部分收入来自创业比赛。《一百种生活》项目本身的创造性吸引了很多评委和现场观众，我们因此拿了很多比赛的奖，为项目争取了很多官方背书，还拿到了上海创业基金会"雏鹰计划"的十万元资助。

我很庆幸自己坚持了下来，并且把所有的想法都变成了现实。除去常规的广告变现，以及分享会的收入外，我还发明了各种各样奇奇怪怪的变现方法。很多人从我的变现方式里得到了启发，我是在写这本书的时候才深刻明白到自己为他人带来的价值究竟是什么。

7）抓住痛点，找到 12 位互免合作的摄影师们

最后我想再分享一个跟变现没有关系但对我影响巨大的创意，那就是我用热爱打动了 12 个和我免费合作的摄影师。

如果你想创作视频，但是没有足够的成本去付费请摄影师，接下来的这个思维相信对你会有一些启发。

有些观众看《一百种生活》，他们会在后台留言问我："小伊，你每一期拍摄的镜头怎么感觉风格都不太一样？"我说："是啊，因为这是 12 名摄影师一起创作的。"

在《一百种生活》第一季的 18 期里，共有 12 位摄影师帮助我完成拍摄。我当时为了能够节省一些成本，把纪录片拍下去，就在思考摄影师的合作成本问题。如果按照一般摄影师 2 000 元 / 天的报价，创作《一百种生活》的成本就会很高。我该如何解决这个问题呢？

后来，我发现了一个摄影师的共同痛点，那就是大部分的摄影师其实都是很有情怀的，他们最开始从事摄影行业，就是为了能够用镜头记录下眼前的世界。但是后来为了恰饭，不得不接更多甲方的案子，而这类的摄影，有时很难完全按照摄影师们自己的想法创作。并且在长时间的高负荷摄影工作下，他们其实很需要有一些自由创作的空间。

我发现这个痛点后，立刻就开始在公众号上招募每一期的合作摄影师。我会先发布下一期要去的目的地，然后耐心地和他们沟通创作内容。片头会保留摄影师的署名，剪辑是我这边来做，相当于他只需要做前期的拍摄创作即可，而这一期的版权是我们共同持有的。每一期我都给了摄影师最大限度的创作自由，他只需要把他看到的生活用镜头捕捉下来即可。

第一季的 18 期我用这样的合作方式拍完了。甚至我发现短暂的项目制作团队，其实更容易一起做好一件事。因为大家当下的目标都非常清晰且一致，就是完成这一期的生活纪录片。我用最低的成本换得了最强的人心。

尽管我开发了很多用热爱赚到第一桶金的变现方式，但我这个"花心"的人却只有把演讲这份热爱真正彻底地坚持了下来。这就是接下来我想和大家说的非常重要的一点。

我们可以大胆地去尝试，去看看这份热爱变现的结果是不是你最终想要做的事业，这点很重要。当时，每一个变现点我都会思考了一下：现在我能用这份热爱赚到第一桶金，那么这是我希望成为的最终的事业吗？当我发现并不是时，于是我始终没有及时地完成某一个变现后的商业闭环，而是在不停地用其他热爱赚到新的第一桶金。

我曾经一度为自己的这种"花心"感到懊恼，甚至怀疑自己是不是一辈子都无法做成一份真正的事业。直到随着时间和变现经验的积累，我终于才意识到我真正擅长的就是用热爱变现的方法和思维，我的这种跳脱思维和商业创意，反而适合帮助不知道如何用热爱变现的用户。最终我开发出了《用热爱赚到第一桶金》的产品体系和年度商业顾问的咨询服务。发现自己的优势是商业创新，变化本身就是一种优势。

这时，我又问自己："帮助更多人通过热爱变现，这是你想做的终身事业吗？"我听见自己在内心大声地喊了出来："是的！"

我希望自己能总结全世界的热爱变现的智慧和财商思维，给更多追梦的人勇气和底气。如果你还在怀疑自己的这份热爱是否要变成终身事业，第一个炼金石就是先用热爱赚到第一桶金，让你的热爱能够持久地点亮人生。

3.3 你把热爱放对位置了吗

兰迪·鲍许说："重点不在于你要怎么实现自己的梦想，而是在于怎么过你的人生。你如果以正确的方式度过人生，上天自然会眷顾你，梦想会自己实现。"

很多时候，我们以为是自己的热爱无法变现，但其实可能是我们根本就把热爱放错了位置。因为没有做好产品定位以及受众用户调研，所以你的热爱无法解决用户需求，也就无法带来可持续的商业价值。

我曾经就迷失在自己的热爱里。我做森林小屋的时候，以为自己的热爱是做社交空间，后来我又不停地引入"社交、阅读观影、创始人聚会、旅行"等各种形式的组合，结果我发现自己彻底迷失了，我居然不知道自己真正的热爱到底是什么了。

我是在做过那么多项目后，才静下心来好好复盘，发现自己"商业花心"的性格反而适合研究不同形式的热爱变现，我的核心才正式被确定下来。你做过的每一件事里，其实都藏着你的核心热爱。

硅谷著名投资人纳瓦尔也是一个"商业花心"的人，他在早期帮助了几家初创公司取得成功，并在短期供职于一家风险投资公司后，终于找到了自己的爱好——为投资人和创业者牵线搭桥。曾经他也为自己无法固定在某个项目的这种"喜新厌旧"的性格懊恼过，直到他进入投资领域，发现想要做好风投，就必须迅速跟上新科技的发展速度。由于新科技层出不穷，他"喜新厌旧"的个性反而是件好事。做风投和他的热爱以及用户需求相当契合。

很多时候我们可能会因为一些事情而怀疑自己的热爱，你可以问自己："我的热爱是否放错了位置？"

有读者问我，现阶段我的热爱实在养不起我，怎么办？

热爱和赚钱从来不是二选一的事情，它是一个加法。我想跟你讲一个我身边朋友的真实故事，他的热爱是写诗，但他最终选择了边上班边写诗出书的方式实现梦想。他为自己的梦想找到了一个非常合适的位置。

希望他的故事能够启发你，其实梦想和现实是可以兼得的。

3.3.1 诗人尹川：边上班边写书实现梦想

我有一位诗人朋友，叫尹川。

我曾不止十次地和我身边的朋友提到他。我说我有个朋友，边上班边利用下班的空闲时间写完了两本书并出版了。我从来最佩服这类人，既能从容面对现实世界，又心怀星辰大海。他做到了。

若干年前，我和尹川只在大理偶遇过一次，直到现在也没有再见过面。当时我们随手加了微信，而后在朋友圈里相互了解彼此，隐隐觉得我们是同一类人。2018 年我们在大理的第一次见面，完全是一个意外。他坐在我的旁边，和我当时正在拍摄纪录片的主人公以旅游公司的名义谈一个商务合作。当时我以为他只是一个普通的企业职工，没想到他居然是个诗人，他会写诗。他非常爱诗，已经出过两本书。

你永远也猜不到，你身边那个看似普通的人，背后可能暗藏玄机。

尹川在这个现实世界里，拥有两种身份：他一边是旅游公司的打工人，一边还是个出过两本诗集的诗人。在尹川成年的时候，他意外拜访了一位自己喜欢的诗人，从那以后，他就坚定了这辈子一定要继续写诗。但这份爱好可能只是个"爱好"。因为尹川很早的时候就知道，自己靠写诗是没有办法谋生的，但是他没有就此放弃，反而告诉自己：无论再难，都要让自己的这个爱好坚持下去。

于是，他选择了边上班边写诗出书。我问尹川是怎么安排自己的写作时间的，他说因为写诗是自己的热爱，所以会把写诗当成是自己的"充电时间"。每天工作忙完后，他就会很快乐幸福地投入写诗的世界里，给繁忙的一天带来新的能量。"因为是自己的热爱，就像你小时候写完作业就想看会动画片一样，写诗就是我奖励给自己的动画片。"

他写诗的时间一般会安排在深夜，在自己睡前或者睡不着的时候，就会动笔抒发一下。工作忙的时候，上下班的路上他的"脑子里"也在写诗。看到一片树叶，他会想怎么变成诗。他每分每秒都在用诗的眼光收集世界，他完整地活在自己热爱的世界里。

尹川在朋友圈里发的照片都是正方形的。他的照片非常有个人风格，认识他的人看一眼就知道一定是他拍的。就如同你看一个喜欢作家的文字，你就知道这是他会写出来的故事。尹川还对我说："热爱自己的生活，这个很重要。你首先要活得快乐，真实。用自己的身体感受身边的一切，你才能感受到无穷的灵感。"

尹川每次下班后，都会去大理周边的村子或农田骑自行车，看当地的农民在田里劳作，看大理古城里的人来人往，感受喧闹街景的烟火气，或是听北门菜市场的叫卖，观察路边玩耍的孩子们、流浪汉、小动物、早晨包子冒着的热气……这些都会给他带来灵感，也是他很喜欢的"生命的细节"。

有一年，大理进入了旅游淡季，尹川的上班时间变得宽松很多，下午四点就能下班。于是在那一年，他每天下班后出门骑上自行车，去大理下关镇的一些老街收集他的"诗"。黄昏下的大理美极了，晚风也是暖暖的。尹川最喜欢沿着环海公路骑行，右手边就是苍山洱海，晚风拂过他的脸庞，他的内心感到惬意极了，目之所及充满灵感。就是在这样吹了整整一年的晚风里，尹川创作出了他的第二本诗集，名字就叫《晚风吹了一整年》。

我非常喜欢他的故事，每当我在艰难时刻想到尹川在打工的日子里仍然努力追梦的样子，一下子又满血复活了。

更神奇的是，尹川在大理就职的旅游公司最开始并不知道自己有个出过书的"诗人员工"。尹川在就职期间一直隐瞒这个身份，将自己的梦想小心地藏了起来。但有一天这个秘密还是被意外发现了，而且居然是公司最大的老板率先知道的。

没想到大老板知道后不仅没有反对，反而还被他坚持梦想的精神打动了，甚至最后还在公司里帮他的书做宣传。公司在大理的户外直播也会主动让他做一些诗歌的朗诵，将美丽的大理风景和诗歌结合起来，"诗人尹川"这个IP也为公司带来了收益。

后来尹川才知道，原来大老板之前搞过乐队，很有情怀，所以对他写诗这件事并没有反对，甚至理解他，用力所能及的方式支持他的梦想，继续给他一个稳定的工资，在不影响工作的情况下继续追梦。

听到这里时，我非常感慨这个老板很懂得把员工的价值最大化，选择尊重员工的梦想，给他更多飞翔的机会。因此尹川也更加感恩这份工作，旅游的工作也给他的诗带来了很多新的灵感。

或许真正束缚我们自由的，并不是朝九晚五的生活，而是我们没有把自己的热爱放对位置，久而久之，你被打磨得失去梦想。但在这个世界上，总有这样的人，既能边上班赚钱又能边实现梦想。

史蒂芬·金在写出第一本畅销书之前，他和妻子住在一辆下雨会漏水的拖车里。他白天在洗衣店和图书馆里工作，晚上回到家里写作，这样坚持了几年后，他迎来了人生中的第一本畅销书，并在 32 岁时成为全世界作家中首屈一指的亿万富翁。

美国作家露西亚·伯林，她白天做急诊护士、清洁女工，在监狱里教写作，晚上记录下这些生动的故事，最终创作出了震撼世界文坛的畅销书《清洁女工手册》。

别人可以，你也可以。

你只有内心丰富，才能摆脱生活的平庸。当你非常明确找到了自己要做的那件事时，无论路途有多么坎坷，你终将到达自己的目的地。

3.3.2　公司里的"梦想"原来长这样

我以前非常讨厌坐班（现在也是），一直认为公司体制是一种对生命力和创造力的束缚。但直到有一天，我的一个好朋友布布，进了她梦想的营销公司。她很激动，拉着我的手语无伦次地讲了好久。我总结起来就是：今天是她梦想成真的一天！

在这之前，她创业失败。因为意外了解到这家公司服务的客户案例和企业文化，认为这就是她梦想中的公司。于是她把这家公司的名字用毛笔写下来，贴在桌前。这一贴就是三年。

为了能进这家公司，她恶补自己在品牌上的不足，努力学习和实操了很多案例，甚至最后辞去了月薪 2 万的银行大客户经理的工作。这是不是很像我们为了某个"梦想"近乎痴狂的模样？

原来不是所有朝九晚五的工作都令人痛恨，当一个人他的优势和兴趣能在职场中被放大，其实就是她的热爱在社会上找到了一个可以释放商业价值的好位置。

由此可见，实现个人梦想的方法有很多。如果你很幸运地遇到一家可以发挥你特长、把你的想法落地的公司，把你个人的梦想变成集体的梦想，别说"996"了，"007"都是快乐的。因为你已经找到了最热爱的事。

在职场里，大胆地写下你最理想的工作状态。按照你喜欢的工作方式，去寻找能够将你的热爱和优势放对位置的职场。比如，我就曾经分析过自己的社会属性，并通过深度分析自己，最终找到了自己理想的工作方式。

这个分析方法，我要感谢下一个故事的主人公。

3.3.3　热爱工作的金金：我打工的第一天，就说要做合伙人

我之前采访过一位上班族金金，她的经历非常有趣。金金的职场标签有："我上班的状态就是玩""一进去就说我要做合伙人，第一个项目结束后老板就给了我股份""跟公司搬了 6 次家，每次路程不超过 15 分钟"。

因为天生喜欢活动策划，在金金 9 岁的时候，她就带头组织同学去溜冰，是一个组织各种活动的"好玩"的人。小时候的金金就发现自己的天赋是搞活动。长大从业后，对所

有好玩的社会活动她都非常感兴趣。凭借着敏锐的策划嗅觉，她在 2016 年加入了一家峰会策划公司。

金金的工作是邀请和组织全球百强的领导层分享全球范围内最成功的商业案例，以及最具创新价值的理念与技术。她六年前就职的公司到现在已发展到 100 位以上员工的规模，金金押对了宝。

她说当时只因为招聘简介上的一句口号，就觉得这家公司的发展前景非常符合自己想要的未来。那句口号是"追求卓越"，金金当时就被这四个字打动了。因为她认为只有追求卓越的公司，才会吸引到卓越的人才和客户。

当时的这家公司还处于"人才流失严重、没有股权激励制度、账目上欠着 120 万负债"的巨大困境，但因为强烈认同这家公司的价值，金金还是毅然决定加入。在她刚入职的第一天，她就跟老板说要做合伙人。

这当然不是空口大话，最终她用自己的能力交出了一份漂亮的成绩。她用三个月的时间独立开拓了国际包装设计嘉宾的资源，后来还为公司其他的内容项目带来了人才，金金当时负责的项目现在都在持续为公司每年带来百万营收。一年后，金金成了拿着公司 4% 股份的合伙人。

如果你很认同你所在公司做的事情和价值观，你可以向上级大胆地提出"成为期权合伙人"的想法。只要表明你的能力以及愿意追随公司发展的忠诚度，其实老板是非常需要这样忠心且有能力的伙伴的。

尽管一般人很难一开始就拥有这样的思维和勇气，但只有打破自己的思维，才能为自己争取到更多的身份认同。如果不是遇到金金，我都不知道作为一个打工人，还可以和老板大胆地提出这样的要求。我想，更多人可能只会在自己的工位上老老实实地做自己分内的事情，被动地等待升职加薪吧。

今年是金金加入公司的第六年，这六年她跟着公司搬了六次家。她还告诉我："上班的地方和家通勤时间最好不要超过 15 分钟。"这样你在通勤路上的时间就会缩短，从而保证更多个人的生活时间，也不会因为担心迟到而赶时间。时间是最宝贵的资源。

同样重要的还有情绪价值。因为朝九晚五会有早晚高峰，下班后当你进入地铁站，发现自己渺小且无助得像沙丁鱼一样和拥挤的陌生人摩肩接踵，上班的疲惫会在这一刻放大，导致回家后就想埋头休息，不会再有更多的时间和精力做自己的事情了。更何况每天早起上班，还要经历这样痛苦的过程。消极的情绪在你抵达公司之前，已经占据了你的大脑。

而金金之所以能一早就知道自己不喜欢远距离工作和挤地铁上下班这件事，就是因为她最开始在前几家公司实习的时候，就发现每天上下班挤地铁是一件非常消耗自己的情绪和时间的事情，于是她告诉自己："我以后绝对不要这样子，回家的路绝对不能离公司太远。"

金金一直以来都保持着这样一个习惯——给自己列一个"要做（To do list）和不要做（Not to do list）的清单"（见表

3-1）。她在清单上列出了一项项自己不喜欢的事情，这个过程本身就是不断发现和了解自己、扬长避短的过程。

表 3-1　要做（To do list）和不要做（Not to do list）

要做（To do list）	不要做（Not to do list）

　　比如金金之前遇到的一个朋友，他给自己写了一个 Not to do list，当时有很多人请他演讲，但是不报销飞机酒店（交通和住宿费），于是这个朋友他就写：不报销，就不参加活动。

　　原本只是喜欢做活动的金金，却因为找到了可以为她的兴趣赋能且有市场回报的工作机会，让她在这个复杂的社会里，找到了可以把自己的热爱（做活动）变成事业（为公司组织顶级企业家们的活动峰会）的最佳社会位置，从而做到了把自己的热爱放大十倍百倍的商业价值。而她对组织活动的极致热爱，也让她在工作中获得了自己的核心竞争力，使她在职业早期就可以及早获得赏识与重用，得到最优质的圈层资源。

我们可以大胆地写下自己喜欢的工作状态，从而避免自己陷入痛苦的工作环境中。

我之所以毕业后选择了做自由职业者，再到创业者，是因为我在大学期间就尝试了很多朝九晚五的工作。那时，我真是痛苦极了，每天的生命被束缚在那一小个的格子间里，完全无法释放自己的想象力和生命力。

我大学的时候在一家传媒公司里实习，渐渐地我发现自己每天上班很痛苦，要挤早晚高峰地铁，要按时打卡，把一整天的时间花在一个格子间里。那时，我一天之中最快乐的时光就是吃午饭的时候，因为我可以有一小时的自由不用被任何人盯着。我总是一个人带着盒饭蹲在楼梯口吃饭，吃完后我就闭眼休息一会。没有工作，没有同事的声音，只有楼梯里空荡荡的自己。那感觉让我又孤独又安心。

有时候我工作压力很大，我就偷偷躲在厕所里哭，我在想为什么我的人生是这样子的？

我记得很清楚，有一天我坐在办公位上，我的正对面是一扇窗户。我正低头对着电脑打字写稿，我不经意地抬头看了一眼窗外，一只鸟儿"啾"地一下从我的眼前飞过。我的眼泪忽然流了下来，我觉得那只鸟都比我自由啊。

很多年后，当我有一天到一家品牌方公司里谈合作时，我路过一个楼梯，看见有一个工人铺了一张木纸板躺在上面睡午觉的身影，我的眼泪一下子就掉了下来。我想起了曾经的那个自己，那个只有在楼梯间睡午觉时，才感到完全自由的自己。我多么庆幸自己后来能够找到真正热爱的事业，拥有了真正的自由。

所以后来我确定了自己不能在办公位上被束缚的工作方式后，就果断尝试了各种可以远程办公的机会。于是我在纸上写下了我最理想的工作状态：

没有打卡制度的朝九晚五，按结果交付。可以经常和团队开会做战略策划和落地执行，绝对不能被束缚在格子间里。可以和不同行业的领袖人物交流沟通。

现在再回看这张图，没想到我真的过上了自己最理想的生活！如图 3-2 所示。

我喜欢做的工作
1. 有 IP 主导权
2. 做有创意有商业思维的事
3. 希望自己做的事是跳跃性、有里程碑的
4. 喜欢和团队一起开会头脑风暴
5. 希望甲方是认同我这个人，最大限度给我权利去做事
6. 更喜欢按照结果交付来对接工作
7. 喜欢演讲和讲故事
8. 喜欢和高净值人群打交道，如企业家、创始人等

我不喜欢做的工作
1. 不喜欢朝九晚五固定在格子间里工作
2. 不喜欢和甲方是上下级压迫关系，希望是平级关系
3. 不喜欢做导游，特别是带很多人的旅游团
4. 不喜欢每天化妆拍视频，希望可以固定在某一天完成
5. 不喜欢自己每天的行程都是固定的
6. 不喜欢研究数据和做表格
7. 不喜欢合作伙伴不带解决方案，不停地向我提问

图 3-2　我的社会属性分析

不是所有的工作都会是你热爱的，但是你可以在某种程度上主动选择自己热爱的工作。既然人生是由一系列瞬间组成，那么人生的宗旨应该是尽可能地拥有幸福的瞬间。不要让自己迷失在痛苦的工作里，终其一生就这么糊涂下去。现在起，请你主动创造自己喜欢的世界。

3.3.4　小学老师的热爱转型之路

我再和大家分享一个关于小学老师热爱转型之路的故事，看她是如何从开始一份热爱的事业，然后进入疲倦期，并最终找到自己正确的位置。

热爱教育行业的球球，在学校做了 7 年的小学英语老师。但随着教学体验的单一重复，以及后来学校压力的激增，球球发现自己越来越没有个人的时间去享受生活。越来越忙的课堂甚至让她开始怀疑，自己到底是不是真的热爱教育？

"我是一个非常需要有自己生活的人，如果我的一整天都是工作，我会很不开心的。"球球这句话说出了很多人的心声。

自从工作压力变大以后，有很长一段时间，球球在学校中途上洗手间的时候，会对着镜子哭，哭完了洗把脸再回去上课。后来她去看了心理医生，没想到竟然被诊断出患了中度抑郁症。

做老师确实不是一份清闲的工作。除了上课，每天还有一堆事情要处理——备课、盯自习、批作业、各类培训、比赛、总结……大大小小的琐事霸占了老师的夜晚和周末，还得全天候回复家长群微信，这才是最真实的教师工作状态。

后来球球因为一次偶然的机会，辞职转型做了微商，没想到她在第三个月就赚到了之前做教师一年的工资。而后她意外发现，微商领队每个月都需要对自己的代理做培训，而且她很喜欢给这些代理们讲课的感觉。

球球将自己在学校里讲课的成就感转到做微商培训这件事上后，她成功帮助了 200 多位的代理商们收获了商业回报，实现了热爱和商业价值的双向奔赴。她才终于发现自己喜欢的教育事业，让她在其他领域变得更有商业价值。采访的最后，她忽然爆出了一句金句："我从来没有怀疑过我的热爱，只是命运把它放错了位置。"我太爱这句话了。

不要怀疑你的热爱，有时它可能只是被放错了位置。

3.3.5　如何从我们热爱的事情里分辨出自己真正的事业

热爱型商业模式，顾名思义就是"热爱＋商业"模式。只要你在热爱的这件事里找到了能解决市场痛点的部分，你就可以通过这份热爱变现。

写下你曾经通过热爱做过的事，最好是赚到过钱的（哪怕一块钱都行）。分析当时做这件事里你喜欢的点和不喜欢的点分别是什么，可以如何优化。这就是复盘（见表 3-2）。

你可以不断反问自己："你已经用这份热爱赚到第一桶金了，你希望它是你未来能从事一辈子的事业吗？"写下是

表 3-2 复盘你的项目行动（以作者部分项目为例）

做过的项目	喜欢的点	不喜欢的点	如何优化	复盘可以沿用的点
生活体验官	带嘉宾旅行体验、多一个新的视角维度	一对一交付性太重、体验时长和设计很费劲	压缩时长，做轻量化组合，打造一对多模型	新鲜多元的第三方角度，深度交流
森林小屋	讲故事的走心氛围、可以认识不同行业领域的人	我必须在场、可复制性弱、规模化难度大、不希望最终是一家社交服务公司	找到我的"分身"人物做不同城市的主人公	故事的氛围感，深度交流
贵人项目	可以和不同领域的创始人交流	导师的角色更重要，每场我的角色更像主持人	建立自己的主场，贵人更偏向导师角色；固定一个主持人，由我来做一个核心价值的输出和复盘	和创始人们的深度交流，优质的高客单价用户，交付性快，有价值的谈话内容
总结	我喜欢和创始人用户进行关于创业故事或商业模式的深度交流	我希望能通过自己的IP内容来操盘创始人们的聚会	我得有一个自己的核心商业价值点（热爱变现的商业思维）并围绕这个点来组局	每场活动要有商业价值的输出，让用户得到可以落地的解决方案

或不是的原因，以及可以如何更好地优化迭代这个产品，取其精华，去其糟粕。

　　这张表格可以帮助你分析和复盘自己做过的热爱变现的产品，你真正的热爱其实就是从这张表里提炼出来的。回看我 2018—2021 年的这几个项目，几乎都是围绕"热爱变现"的核心展开的，然后我从中辨认出了自己真正的热爱。

　　祝福每一个拥有梦想的人，终可以抵达真正想去的地方，拥抱被热爱点亮的人生。

第 4 章

打造吸金的代表作

你所体验到的生命总和就是你的世界。

打造吸金的代表作是"热爱型商业模式五步法"的第四步。

如果你已经顺利地完成了第一次的热爱变现，那么你需要先沉下心来及时复盘，研究这份变现中可以如何升级迭代，如何优化成更受用户欢迎的产品。

这个产品不仅要符合你的商业定位，还需要围绕你的热爱核心。因此我们需要打造一个可以持续吸金的代表作，不仅仅只是吸引普通用户，更重要的是要精准地聚集用户，让用户看到你的内容就知道可以怎样向你付费。这样的代表作具备了很重要的"卖货体质"。

很多人一上来就开始盲目地做个人 IP 自媒体，但事实上如果你没有核心产品，即使做到了一百万粉丝的体量，除了接广告或带货之外，你并不知道如何变现。试想如果一个人他一开始就想好了自己变现的业务，即打造出王牌产品，自媒体就会成为你事业的放大镜。用好了这个工具，你的热爱就会带来十倍百倍的商业价值。

我们在面对代表作的时候，很可能会出现两种情况：一种是这个代表作非常有趣，但是除了广告主买单外，不会对用户产生想付费购买的商业价值；另一种就是围绕你的王牌产品定位所设计的核心代表作，这样的代表作既有商业价值，又有情怀，能精准吸引用户，观众在分享内容的时候其实也是在帮你宣传产品。

那么针对自己的热爱和优势，如何才能打造出一个可持续吸金的代表作呢？

接下来和大家分享十个经典又极具创意的代表作，这当中有一些是纯好玩和有情怀的，有一些是能成功变现的。我们不妨一起把它们当作练习题，来看看这些代表作们是如何吸引粉丝，如何成功转化成用户的。

4.1　有趣的代表作案例

4.1.1　老罗和他的天堂电影院

我有一个非常热爱电影的朋友，叫老罗。他的阅片量已经超过两万部，现在平均每天还会看一部电影。在疫情最严

重的那　年，他居家看了六七百部电影。

老罗全名罗忠，今年52岁。他把名字拆开取了一个网名，叫"四夕中心世界"。

"大概是两三岁的时候，有天父母抱我去电影院，当我第一次看到电影时，就像在黑暗之中为我打开了通往另一个世界的窗口"。老罗正在和我描述他第一次看电影时的场景。

从那以后，别人家小孩在玩游戏时，只有他总往电影院里跑。那时电影票几分或是一毛钱，对于还是孩子的他来说还是买不起。他就常常独自坐在电影院门口，看到面善的叔叔阿姨就央求冒充他们的儿子，带他进电影院。我很吃惊这个举动居然会发生在一个孩子身上，老罗为了看电影，想了很多五花八门的办法，他的热爱就是从那个时候开始的。

他从小就比普通人多体验了好多种电影人生。直到现在，老罗每年仍然坚持阅片三百多部，几乎一天一部。"我看电影有时光倒流的感觉，好像又回到两三岁时在电影院看电影的快乐时光。"老罗说到电影的时候，眼睛总是会发光。

长大后的老罗，在福州市鼓楼区开了一家音像店，而且一开就是31年。他还把自己家打造了一座"天堂电影院"，每周都会放映三场电影，邀请影迷朋友们来家里看。他就这样开放了整整12年，放映了三千多场电影，一直免费。每次放映前，他还会给观众讲一段脱口秀，聊聊导演和影片背后不为人知的故事。"把电影院搬进家，是我从小的梦。"老罗说。

老罗的天堂电影院感动和治愈了很多人，常来观影的大多是福州有"伤口"有故事的人，看完电影后的观众很容易感受到美好和相互温暖。也有很多从微博上知道老罗的，大老远从全国各地来找他聊电影。每年都会有朋友离去没有再来，这时老罗会很高兴。"他们的伤口好了，不需要我了，开始新的人生了，挺好。"腾讯视频也曾经采访过老罗，为他量身定制了一期短片，记录了老罗和他热爱的电影故事。

老罗还有一种超能力，就是很擅长用电影来记住每一个人。比如这位影迷曾经看过什么电影，那场电影都有谁在，他记得一清二楚。他也会和我讲完一个故事，就推荐一部电影。我们几乎是在用电影的故事交流。

"小伊，《四个春天》看过吗？"

"这个，没有诶。"

"这么好的片子怎么能没看过呢？你会喜欢的！我再和你推荐几部。"我说好，就赶紧拿起笔记了下来。

老罗的主业还是开音像店，空余时间除了开放天堂电影院外，他还会组织几位资深影迷一起编剧创作一些动人短片和自制电影，这几年已经连续拍摄了十几部作品。老罗店里面的墙上，贴的是王家卫导演的电影《一代宗师》的海报。他每次坐在这张海报墙的前面，和不同的影迷朋友喝茶、聊天、聊电影。我想，老罗已然是他自己电影世界里的一代宗师。

就是这样的一家小小的、在市区街边看起来普普通通的小店，里面却藏着整个福州影迷们的心灵驿站。在音像店已经不流行的今天，老罗用另一种方式默默滋养着他对电影最初的热爱和感动。

我曾经和老罗建议过用天堂电影院的核心来设计自己的热爱型商业模式，但他却坚定自己的这份热爱只做兴趣，绝不做其他商业变现，我很为老罗这份不功利的情怀感动。不过我还是想对读者们说，如果你是明确希望自己的热爱能够变现，我们不妨用老罗的故事，展开思考一下他的这份热爱可以怎样设计商业模式？

我到现在都觉得，老罗最大的神奇点（天赋优势）就是他非常擅长用电影剧情和别人交流。每年我都会找老罗复盘一次，每次都能得到 10 部左右非常适合解决我当下痛点和迷惑的优质影片，因此一对一咨询电影清单的服务可以是一个尝试变现的方向。

我在这本书里提到的每一个故事，大家不用只停留在字面上，可以尽情地展开想象，如果是你来做这样的代表作，你会怎么把商业和情怀融合进去来打造呢？

4.1.2　旅行纪录片代表作《一百种生活》

我在做《一百种生活》的时候，很多人是因为先对这个栏目感兴趣，才关注我的，继而产生继续追下一种生活的兴趣。一部好的代表作，不仅能够强化你的人设定位，还能够产生源源不断的故事持续吸引用户，甚至能被更多人口口相传。

拥有一个代表作，也能够让你的观众和客户更好地信任你。我刚开始拍摄《一百种生活》的时候，因为没有知名度和流量，代表作也才刚刚启动，所以寻找拍摄主人公的过程非常艰难，很多当地民宿房东甚至以为我是骗子，一开始我遭到了很多拒绝。

直到我日积月累地坚持更新代表作，不断增加栏目期数，有越来越多人关注到这件事。当我再去找主人公的时候，只要发一个自己的代表作链接，就能让对方立刻知道我做过什么，做到了什么地步，有哪些影响力，之前的内容是怎样的。不仅通过这个代表作介绍了我自己，还让对方一下子信任了我，甚至产生了强烈的合作意愿。

我之所以创作《一百种生活》，也是因为想要有一个代表作。比起一个陌生的 IP 名字，大部分时候人们更容易因为一个朗朗上口的代表作而记住你。

原本我的创作初心只是想做一个旅行纪录片，记录自己在旅途中的故事。但是在新媒体时代，做旅行视频的博主太多了，我能不能想做一点独特的事情？我必须找一个切入口。

2018 年，《一百种生活》第一期出发拍摄时，我依然没有想好这个系列要叫什么名字。但当时因为刚拿到天使资金，加上中秋节这么美好的节日将近，我决定先出发做点什么，也许做着做着就想到了呢？

我很早的时候就被路遥笔下《平凡的世界》里的生活所深深吸引，于是我想第一期我能不能去陕北的黄土高原上，体验一下和当地人住在一起的窑洞生活呢？等到我真的托了朋友的朋友问到了一个可以生活的窑洞，我在那里和当地的爷爷奶奶生活了一个礼拜。

那期间，一切都像一个巨大的梦。我像掉入了一个与世隔绝的世外仙境，真的把自己当成了土生土长的陕北人和他们一起生活。我穿着当地人民的服装，睡在原始铺朴素的土炕上，和贺爷爷贺奶奶一起每天只吃两顿饭。有时候跟着他们到稻田里转悠，去陕北的邻居家串门唱歌。那段期间，我的灵感无限。

有一天，我把这里发生的故事和照片发在网上。一个学妹看到后，就在评论区里留下了一句话，她说："学姐，你好像在过我们想象中的一百种生活啊！"

那一刻，我被深深地震慑住了。这就是我想要拍的纪录片的核心！大部分人这一生只能过一种生活，但我们完全可以在有限的日子里体验 100 种生活，去拥抱生命的无限可能！不行，我要再详细描述一下当时的感受。真的就像是有一道闪电注入了我的灵魂，我光是念"一百种生活"这 5 个字就很激动，仿佛这一生它一直在静静地等待着我。我知道我千里迢迢来窑洞的这一趟，就是为了等待它的出现。

因为第一期的窑洞生活，让我更加坚定了"和当地人生活在一起"的创作理念。这种体验作为一个游客是很难经历到的，只有把自己变成一个当地人，融入他们的生活里，你才能在这里收获到新的生活视角。还有什么比住进当地人的家，更能了解一个地方风土人情的呢？

于是我开始创作了《一百种生活》。第一季我聚焦在

"住进世界特色民居，和不同当地人生活在一起"的故事，总共拍摄了 18 期，体验了 18 种不同的当地生活。"每体验一种生活，就好像过了一次浓缩版的一生。"这句话，是我最后为《一百种生活》凝练的口号（Slogan）。这个 slogan 背后其实还有一个有趣的小故事。

有一天我到广东的惠州去看一个朋友。当时我俩坐在一辆的士的后排，她认真地听我讲完了这一年创作的故事。听完后，她忍不住对我说："小伊，你每次的体验，都好像过了一次浓缩的人生哦。"

我很激动地告诉她，我一直想给《一百种生活》取一个 slogan，这句话真的太好了。当你真的知道自己要做什么的时候，你就会留意生活中的很多灵感。后来，我根据《一百种生活》核心的价值"和当地人生活在一起"，开发出了生活体验官和梦想制片人的付费项目。

4.1.3　环球旅行代表作《世界上的另一个我》

我非常喜欢的一部旅行纪录片《世界上的另一个我》，讲述了一个 90 后的青年导演杨帆，他开着一辆偏子摩托车，在全世界寻找和他同年同月同日生人的真实故事。杨帆带领拍摄团队去了亚洲、欧洲、南美洲等地方，环游世界只为寻找到自己同年同月同日生人的故事感动了无数网友，并最终在央视纪录片频道播出。

这个纪录片在我的大学时代给了我非常大的震撼和触动，

我也是在这部纪录片里，第一次看到了我们作为一个"外来人"，如何可以像当地人一样和他们一起生活。这同样也是一个非常吸睛的旅行代表作。

我念大学时，在一家公司实习。我当时就不太喜欢自己在做的工作，所以每天早晨上班时我都很痛苦。我每次一上车就会坐在公交车上倒数第二排的靠窗位置，然后放一首《世界上的另一个我》的主题曲 MV。

真的，每次看到这个视频听到这首主题曲时我都感动得热泪盈眶，我想："这个导演真正做到了绽放自己的生命，我什么时候能像他一样追梦呢？"听完后我又感觉像充满了电，可以鼓起勇气继续上班了。

多年后，因为《世界上的另一个我》的灵感，我创造出了自己的旅行纪录片代表作《一百种生活》。有一天，我在微博上鼓起勇气把我的代表作私信发给了杨帆本人，没想到得到了他的肯定，现实中我们还成了朋友。我永远无法忘记那一天，他对我说："你做得很好。"

你看，拥有一个好的代表作，还能成功帮你链接上自己的榜样呢。此外，代表作记得要取一个朗朗上口的名字，更容易让别人记住。如果有一些数字在，会更容易让用户有一种追剧上瘾的感觉。

4.1.4 采访自由职业者们的代表作《100 个不上班的人》

我有一个朋友，叫林安。她五年前辞职后一直做着自由职业，刚来到自由职业的世界，她也曾为不确定的未来感到迷茫过。但林安为了能够坚定自己的初心，并且能向那些已经成为自由职业者的人学习成功经验，于是她在 2018 年的时候，开启了一个很有意思的采访系列叫《100 个不上班的人》。这个名字听起来就很吸引人，谁不想做一个不上班的人呢？

这部分其实也可以结合我第一步中提到的"收集人生样本"来看。如果你有一个明确的信念，但不知道可以如何发展成个人事业，你可以通过收集这类已经拿到结果的"人生样本"，从他们成功的故事里提取出对你有帮助的点，从而形成自己的模型。

截至目前，林安已经采访了 50 多位不同领域的自由职业者。其中，有自由撰稿人、潜水教练、自媒体人、咖啡店主、淘宝店主等。林安将他们的故事用文字和视频的方式展示给更多人。在她的这个系列里，你可以看见 100 种不上班人的自由人生。

林安也因为这个代表作，在网上累积了几十万粉丝和视频千万播放量。2019 年的时候，林安将这些自由职业者的故事，写成了她的第一本书《只工作，不上班》。而后她还围绕自己的代表作，开发了一个围绕自由职业者的社群"自由会客厅"和一系列自由职业的课程，帮助他们更好地构建这条不上班的自由人生，找到自己喜欢的工作方式。

从事自由职业的人很多，但是林安却能想到通过采访优秀拔尖的自由职业者，来收集 100 种不上班的方式。而这个代表作，也让林安被越来越多渴望得到职业自由的粉丝用户所关注到。

取一个容易被人记住并且有看点的系列名字，是非常有必要的。

我和林安相识于 2020 年，这一年，我们相见恨晚。两个同样在 2018 年开启了自己创作道路的人，创作同样是 100名字的系列，同样一直在坚持着自己的热爱。后来，我们在外滩的一个充满灵感和绿植的极光舞台上，一起做了一场近百人的联名分享会，那一场的主题为"如何把热爱的事情变成事业"。

现在，我们两个人依然坚定地走在这条把热爱变成事业的道路上。

4.1.5　时尚博主的代表作《100 个中国女孩的家》

以 100 为系列名字，的确会更有记忆点。同样让我印象深刻的代表作，还有知名时尚博主黎贝卡的《100 个中国女孩的家》。这个栏目的价值真的很高，每一个热爱生活的都市女孩都会爱上它，哪个女孩不想看看 100 个中国女孩的家呢？

2020 年，黎贝卡开启了"走进不同的中国女孩家里"的视频系列。其中有参观流量明星博主的豪宅，有把 30 平方米的小屋改造成多功能的神奇房子，也有喜欢露营的房主把客厅直接改造成露营基地……

我对其中一期印象很深，这期房主在屋顶建了一座自己理想中的美丽花园，面对很多人刻薄的质疑，房主这样说道："很多人跑来跟我们说，我也想有花园，但我们不像你们家这样有钱。但其实并不是这样的，我们不是因为有钱才有这座花园，是因为我们想过上这样的生活，才给自己打造了一个这样的花园。"

对于黎贝卡团队而言，《100 个中国女孩的家》不仅仅是一个简单的房屋展示，更是女性生活方式的多维度呈现：100 个女孩，是 100 个窗口，通过她们的家，看到了背后不同的人生态度。

这个系列不仅能够给很多人带来装修空间上的灵感，更能精准吸引对生活质量有追求的独立女性群体。而这部分群体都有较高的消费能力，某种程度上和黎贝卡的用户画像高度重合。最重要的是，黎贝卡还有自己的服装和快消品牌，她通过栏目吸引精准的优质都市女性用户，从而进行商业转化。

所以，如果你希望自己能在人群中被迅速记住，一定要记得取一个朗朗上口、有记忆点、有看点的代表作名字。它能让你在大众里一下子脱颖而出，成为你引以为傲的社交名片。

4.1.6　采访大学里《100 个优秀的学长学姐》

有一次，我在上海参加了一个创始人组织的饭局。席间，我认识了一个思维敏捷、颇有创意和行动力的朋友，他和我们分享了他在大学时做过的一件有趣的事。当时，他为了变得更加优秀，想到去采访 100 个优秀的学长学姐。后来，他真的花了 4 个月的时间，采访了 80 多位的学长学姐，向他们请教和学习如何变优秀的成长经验。

只不过当时他并不知道如何把这个栏目变现，因此大学毕业后就没有继续深耕这个栏目了。我听了后眼前一亮，对他说："如果是我来操盘，我会设计这样的商业变现——将采访学长学姐的文章做成一个自己的栏目账号，然后推送到各大学校的公众号里，每篇下面带 69 元 / 场的线上直播，收集同学们的问题。开启优秀学子的 VIP 俱乐部，俱乐部会员年费为 999 元 / 年。会员可以免费参与全年的付费直播，并有机会和优秀学长学姐线下见面，还可以和这些采访的主人公开发相关的课程，赋能更多学子。"

当代大学生们的普遍痛点是不知道怎么变优秀，这个栏目可以提供的有效路径太多了，可以说是直击他们痛点。而且新媒体创业本身就具备低风险试错的优势，如果我能再年轻一些回到校园里创业，我一定会毫不犹豫选择做这件事。

4.1.7　为 LGBT 群体而创作的代表作 *Better Together*

我有个朋友叫康康，他是一名独立摄影师，同时也是一位同志。他为了能够让更多 LGBT 社群的伙伴找到归属感，他在不同公益组织做了很多年事情。"站出来"很重要，于是康康在 2021 年的时候开启了一场全国 LGBT 影像计划 *Better*

Together，打造了一个真实客观的 LGBT（性少数群体）纪实群像。他用一年的时间，在 13 座城市拍摄了近一百组 LGBT 的生活，短暂地介入和旁观了他们的生活，在免费为申请人创作肖像作品的同时，他自己也收获了很多感动。

康康会努力去还原收到的申请内容，在前期与申请人聊天了解他们的生活状态，并沟通如何拍摄。"相比于艺术家，我更愿意称自己是记录者，我拍的照片非常写实。如果能凭借自己微不足道的力量让大家看见更加真实多元的我们，我就已经心满意足了。"康康对我说道。

让康康非常印象深刻的一次拍摄经历是和超小迷有关的。超小迷是个留着络腮胡和长发，身穿旗袍的"怪物"。事实上他是一名酷儿（所有非二元性别论者的总称），那次拍摄时有位大爷问康康超小迷到底是男还是女，康康说："您觉得他是男的就是男的，女的就是女的，他不在意，您也不用在意。"

康康对我说："社群中相当多愿意现身的伙伴，他们什么都不做，只要站在那里，就可以给人力量，可以为很多人撑起一片天。我所做的，只是把这些人的勇气汇聚起来。"

后来，康康还把这些有情绪的照片做成了一期视频，用自己的旁白串联起他们的故事，那期视频为他带来了非常多同频的小伙伴们。我还在视频下看到很多人评论说自己看哭了，甚至还有妈妈辈们留言说自己终于理解了孩子的想法，越来越多陌生人开始真正理解这个特殊群体。如今他还在用影像记录着这些 LGBT 的生活和故事。目前他的作品已经在海外的多座城市展出，他希望有朝一日可以在国内举办一场自己的个展，并将这些肖像和故事整理成册，分享给更多的人，让更多人看见更加真实鲜活的 LGBT 群体。

一个好的代表作，哪怕只是为了一小部分人发声，都能吸引到你真正同频的伙伴，建立你自己的部落。

4.1.8 英国 BBC 纪录片《人生七年》

1964 年的英国，一部英国 BBC 电视台拍摄的名为《人生七年》的纪录片开拍。这部纪录片聚焦于 14 个七岁小孩，他们分别来自 3 个不同阶层——上流阶层、工人阶层与农民阶层。纪录片团队倾听他们的梦想，访谈他们的生活，并以每七年为一个周期，跟踪记录着他们的人生。

此后每隔七年，导演艾普特都会重新采访当年的这些孩子，倾听他们的梦想，畅谈他们的生活。人生的轮回从这 14 个七岁的孩子的真实生活开始，他们天真无邪的脸上写满对生活的憧憬和渴望。

导演迈克尔·艾普特在 1964 年首拍此纪录片时，还只是个助手。此后在他的不断努力下，积累了丰富的拍摄经验，并最终成为知名导演。

2019 年，这部纪录片迎来了它的 63 岁特辑。画面从最初的黑白画质到如今的 4k 高清，受访者们也从七岁的天真烂漫的小孩，变成了年近七旬的耄耋老人。

4.1.9　每周二和老教授的人生哲学课《相约星期二》

人生短暂，如果我们能去思考自己可以为这个世界留下些什么，我希望是我们来到这个世界上，能用自己有限的生命来收集今生所看见的世界。未来，即使不在这个世界上，这个代表作也会替我们一直无限地"活着"。

有一个老教授就永远地活在了一本书里，这本书就是《相约星期二》。

我太爱这本书了。每当我感到人生迷茫或者无意义的时候，就会翻开这本书来读读，细细体会一个面临死亡的老人，在生命的弥留之际都还在用心体验死亡。对比我这样一个活生生的人，怎么能不好好生活呢？

这本书根据真实故事改编而成，是美国作家米奇·阿尔博姆在 1997 年创作的自传式长篇纪实小说。年逾七旬的社会心理学教授莫里在 1994 年身患重症，并已时日无多。作为莫里早年的得意门生，作者每周二都上门与教授相伴，聆听老人最后的教诲，并在他死后将教授的醒世箴言缀珠成链，取名为《相约星期二》。这本书后来还被改编成同名电视电影，于 1999 年 12 月 5 日在美国上映。

作者每周飞越七百英里去看望教授，他们将每周一期一会的碰面定在"每周二"，莫里教授还充满创意地说自己是"星期二人"。这本书的结构也很有意思，在 1997 年能想到这样巧妙的命名真是天才！《相约星期二》的扉页写着的是

"必修课程"，书的日录叫"课程大纲"，每一章节的标题都是"第几个星期二"，一直到第14周莫里教授离去。

"我的老教授一生中的最后一门课每星期上一次，授课的地点在他家里，就在书房的窗前，他在那儿可以看到淡红色的树叶从一棵小木槿上掉落下来。课在每个星期二上，课堂上不需要书本，课的内容是讨论生活的意义，是用他的亲身经历来教授的。毕业典礼由葬礼替代了。我的老教授一生中的最后一门课只有一个学生，我就是那个学生。"

这绝对是人生中仅有一次且独一无二的智慧之旅。这本书全球累计销量突破两千万册，成了那个时代图书出版业的奇迹。

回归到做一个代表作，你可以想想自己有没有什么独特体验或经历，可以考虑用时间或某个日期来命名，这样你的代表作也等于了"某一种时间"，比较容易引发读者的共鸣。

我真希望自己到80岁的时候，也能像《相约星期二》里的莫里教授一样，直到生命的尽头都还在学习。

我有一个很喜欢的作家，她50岁的时候去了50个国家。她说希望自己每年都可以解锁一个国家，到60岁的时候去60个国家，这一生都在解锁世界地图。我受到这个灵感的启发，为《一百种生活》想到了一个令自己心满意足的人生愿景。

我希望自己到离开这个世界的时候，我的墓碑上放一个二维码，所有人只要扫一下这个码，就能看到我这一生体验过的生活，从而激发人们对生活的热爱和对生命的探索。在有限的一生里，活出无限广阔的生活。这样的一生，即使我离开了这个世界，也仍然有另一种方式能够永远"活着"。你的代表作，就是你生命的痕迹。

4.1.10　我的财商故事栏目《用热爱赚到第一桶金》

在完成《一百种生活》第二季的 24 期那年，我刚好 24 岁。我强烈地意识到自己对探索世界的野心没有之前那么大了，甚至我更希望能够把单位时间的价值提高上去。

于是我在思考，《一百种生活》里和核心价值是什么？我能够从中轻量化创作和可复制的点是什么？在长达近一年的深度摸索中，我终于发现自己热爱的核心价值是围绕"热爱变现"的商业创意咨询。

于是，我在原来代表作的基础上，新创作了一个有商业价值的代表作栏目《用热爱赚到第一桶金》。这个栏目收集了很多用热爱变现的第一桶金思维和财商故事，帮助更多人通过自己的热爱变现赚到第一桶金。

通过这个财商故事的代表作，我聚焦了一群优质的、有强烈热爱变现意愿的观众，以及具备付费能力的高黏性读者用户，这就是一个有商业价值也有情怀的代表作可以带来的双重效果。

把你的热爱聚焦在既有商业价值又有情怀的代表作上，可以创造出持续吸金的效果。这样的代表作哪怕单条点击率只有 1 000 或 100，但凡有一个转化率，那么这期内容就具备了热爱变现的商业价值。而不是埋头只做内容，因为数据不佳而不断怀疑自己的热爱，从而陷入内耗的死循环。

现在开始，打造持续吸金的代表作，有效积累自己的1 000个铁杆粉丝。

4.2 聚集1 000个铁杆粉丝

"人们往往是因为你做了一件'他一直想做却没能做成'的事，而对你产生强烈的兴趣。"

打造代表作的过程，不仅是强化你热爱价值的过程，也是你用好内容持续吸引精准用户的过程。他们是你的同类人，通过你的产品和内容在人海中辨认出了你，找到了你，和你站在一起。你的每一次公开表达都是一次次对目标用户心智的影响，而要想实现真正的热爱变现，离不开为你买单的铁杆粉丝。

互联网领域大预言家凯文·凯莉提出过一个著名的理论——1 000铁杆粉丝理论。他认为，任何艺术家、作家、老师、创作者、手艺人等专业工作者，只要拥有1 000个铁杆粉丝，就基本可以衣食无忧。

这1 000位粉丝是那种认可你价值观，被你的内容吸引，愿意为你做口碑传播和知识付费的人，你要做的就是找到并维护好他们。只是点赞或者评论的粉丝，只能停留在为你情怀感动阶段，他还没有为你的这份热爱买单。他们只是观众，不是客户。铁杆粉丝一定是为你付过费的人。无论你卖什么他们都十分乐意付费，不仅自掏腰包来捧场，还会自发地积极鼓动身边好友一起来买，甚至有他人污蔑或批评你时，他们也总是第一时间站出来维护你。这样的 1 000 个铁杆粉丝，敌得过自媒体上的 100 万粉丝。

这样的铁杆粉丝，购买的不仅仅是你的产品，更是对你价值观的高度认同。我的第一批铁杆粉丝就是在做森林小屋线下项目的时候聚集起来的，这些用户里有很大一部分是因为好奇《一百种生活》而想要和我有一些真实的链接，他们从网上的观众变成了付过费的线下观众。当他们来到线下和我见过面后，发现我是一个有着活跃商业想法和跳脱思维的人，我所分享的故事能够帮助他们找到自己真正热爱的事业，于是这之中又有一部分用户在见过面后和我有更深远的合作。

因此，当你打造了一个自己的代表作后，我建议你可以适当定期地组织一些用户参与线上或线下活动，和你进行深度的链接。如果你在线上还没有什么影响力，我强烈建议你先做线下的链接。这个过程不仅是让他们熟悉你，还会更深地了解你。通过和这些见过面的用户深度交流，更能建立相互信任，从而达到合作。

积累用户的过程里很可能会产生一些焦虑，这需要耐心和毅力。我想和你分享"竹子定律"，每当我感到焦虑的时候，这个故事总能给我带来很多能量：

"竹子用了四年的时间，仅仅长了 3 厘米。从第 5 年开始每天以 30 厘米的速度疯狂生长，仅仅用了 6 周就长到了

15 米。其实在前面的四年,竹子将根扎在土壤里延伸了数百厘米。"

不要担心你此时此刻的付出得不到回报,因为这些付出都是为了扎根。人生需要储备,有多少人都没能熬过这 3 厘米。一旦你清楚自己的商业定位,坚持围绕你的王牌产品进行内容创作,你就能用最有效率的方式聚集到精准的 1 000 个铁杆粉丝。

4.3 媒体杠杆:如何登上福布斯

如果你已经打造出了一个自己的代表作,是时候借用媒体杠杆来放大你的影响力。媒体是很好的杠杆,可以给予你的代表作一个官方权威的背书,同时也是为你本人背书。

我 18 岁时,第一次听说福布斯每年都会出一个 U30 榜单(30 岁以下精英),我就一直有一个很强烈的想法——我希望能在 30 岁之前登上这个榜单。

曾经以为这是遥不可及的梦,直到我在 2021 年真的也拿到了福布斯 U30,而且还是"生活方式"领域最年轻的上榜者。这真是我在 24 岁收到的最好的生日礼物。我想告诉你,其实你也可以!福布斯 U30 是可以自己报名申请的,一年一次,超过 30 岁就不能参加报名了。

登榜的那一刻,我明白原来这个世界上,真正让我们离梦想很远的原因或许并不是梦想本身,而是自己的恐惧和不自信。

　　这一章节我将结合福布斯的报名情况，为大家详细介绍如何填写这份福布斯 U30 报名表。我同样发在了我的公众号"公子伊"，大家可以搜索《如何报名福布斯 U30？我用上榜经验和你分享最强干货》。事实上，如果你真的一直在关注某件事，你一定会先关注到他们的官方消息。我在开始萌生报名的念头时，就开始关注福布斯的官方微信公众号，而这个公众号任何人都能在自己的手机里找到。

　　我希望我的这份攻略也能给那些一直在实践自己梦想的朋友，带来属于他们的高光时刻。

4.3.1　什么是福布斯 U30

　　官方介绍：每年，福布斯都以前瞻性的眼光，寻找那些 30 岁以下活跃于各个领域的年轻人。他们是创业家或创新者，是行业耀眼的新星，是未来的领军人物、业内专家。U30 已经成为全球优秀年轻人的标志性符号。

　　在我看来，U30 是每一个 30 岁以下年轻人非常有含金量的一个荣誉，这个荣誉将会贯穿你的一生。甚至当你入选后，福布斯官方会直接帮你生成你自己的百度百科。你在网上可以直接看到有公信力的数据资料，显示你是谁。

4.3.2　报名条件

　　虽然官方显示只要 30 岁以下就可以报名，但仔细填写报名表你会发现，你至少要具备以下三个条件，才有可能进入初审阶段。

（1）你是 30 岁及以下的年轻人。

（2）你就职或创立了一家公司。

（3）你最好有一个代表作。

报名条件的第一点很容易理解，后面两点我结合我自己的情况一一为大家分析。

我当时主要有三个身份：① 30 岁之前拿过天使投资的连续创业者；② 4 年深耕代表作《一百种生活》旅行纪录片；③ 自媒体上有一定的影响力。

说实话，最开始我只是想看看福布斯的要求会有哪些，没想到看完后我觉得自己可以试一试！当时我真的差点儿就要关掉窗口，想明天再填写申请。这时，我内心忽然跑出来一个声音：现在就写！完成它！

所以，如果你看到这里，不要犹豫了，现在就填写申请！完成它！万一明天报名就截止了呢？

我建议大家打开电脑网页来填写，因为手机填写只要你一退出就不能保存了，得从头再来。所以你可以边看本书，边打开电脑网页填写。

4.3.3　填表并进行分析

1）基本信息（填表进度：5%）

填写个人的基本信息，如表 4-1 所示。

表 4-1　个人基本信息

填表 进度 5%	姓　　名：＿＿＿＿＿ 性　　别：＿＿＿＿＿ 出生年月：＿＿＿＿＿ 所在行业：＿＿＿＿＿

资料来源：2021 年福布斯 U30 报名表

填写好姓名（必须是真实姓名）、性别和出生年月后，来到很重要的一项——所在行业。可以说这一项直接决定了你能否上榜的 20%。

福布斯做这个榜单，就是为了每年在十个行业里各选出 30 位精英。所以填写表单的时候，一定要选自己多年深耕且最熟悉的领域！

我是因为拍了四年的《一百种生活》纪录片，所以当时毫不犹豫选择了"生活方式"这个领域。结果就是因为我选对了赛道，我成了这个领域最年轻的上榜者！所以，选对方向真的很重要。

对于新媒体从业者来说，需要在"艺术时尚、生活方式"和"广告、营销和传媒"这两个领域做选择。一般来说，第一个上榜的概率更大。

2）毕业院校和所在机构（填表进度：10%）

填写个人学历及工作学位，见表 4-2。

表4-2 个人学历和公司介绍

填表 进度 10%	毕 业 院 校：＿＿＿＿＿ 最 高 学 历：＿＿＿＿＿ 所 在 机 构：＿＿＿＿＿ 机构所在地：＿＿＿＿＿ 职 位：＿＿＿＿＿

资料来源：2021年福布斯U30报名表

毕业院校方面，最高学历如果你有一个以上的院校，可以都写。所在机构就是你的公司，机构所在地写工作的城市，职称写CEO或联合创始人或你就职公司的职位。

你不一定非要是公司创始人或联合创始人，但所在的公司在网上一定能查得到。

3）个人介绍（填表进度：20%）

填写个人介绍的内容参见表4-3。

表4-3 个人介绍信息

填表 进度 20%	个人介绍（包括以往履历）： ＿＿＿＿＿＿＿＿＿＿＿ 个人主要成就、荣誉及社会贡献： ＿＿＿＿＿＿＿＿＿＿＿

资料来源：2021年福布斯U30报名表

从这里开始，难度增大，开始要动脑筋和专注起来了！

"个人介绍"要写你最容易被人记住的头衔（title）。如果你是自媒体，就写你有多少粉丝。或者你曾经在什么公司就职过，尽可能写你认为比较厉害的标签。如果你有自己的代表作，我强烈建议你在这里一定要写上！代表作太重要了，容易让你被人记住。可以写的简洁，但是一定要点明你的"特别点"在哪里。

"个人主要成就、荣誉及社会贡献"主要包括你做的事情，带给社会的价值，参加过的有含金量的比赛，获得肯定的作品，以及你的用户／影响力等。

4）对社会的意义（填表进度：30%）

填写就职单位的基本信息，参见表 4-4。

表 4-4　公司基本信息

填表进度 30%	公司成立时间／就职时间： 公司使命： 产品或服务、目标客户群／负责和主导的项目及成果：

资料来源：2021 年福布斯 U30 报名表

如果你是创业公司 CEO，公司使命尽量写得看起来很有社会意义。要写你公司为客户提供的价值，目标客户是哪些，取得哪些成果。成果可以是影响力，可以是金钱财富收入，可以是一些好玩的项目落地。

（注意：填写时按照这几个点，单独分段列点。例如：①产品或服务；②目标客户群）

5）讲清楚公司的商业模式和收入来源（填表进度：60%）

像我的收入来源主要以 B 端自媒体广告收入和 C 端付费体验官、付费课程为主，我会填写每个产品价位和产生多少付费用户，以及这几年的营收（尽可能写总收入，看起来多一些）。

填写公司的基本信息，参见表 4-5。

表 4-5　公司基本信息

填表进度 60%	公司的商业模式或业务模式、收入来源：
	经营状况以及业绩（营收、客户数、员工人员）：
	股东结构、管理架构：
	融资情况（时间、融资轮数、融资金额、融资机构）：

资料来源：2021 年福布斯 U30 报名表

员工人数真实填写即可，我们自媒体团队鼎盛时期最多也只有 7 个人。所以员工人数不重要，最重要的是你的公司正在经营什么。

对于公司的股权架构，如果你是创始人或者联合创始人，这里对你来说会是加分项。股东们一定要写清楚，以及每个人在公司里负责什么工作。

很多自媒体朋友对于融资情况可能不是很了解，自己没融资过怎么办？融资有机构当然更好，没有的话，你的用户就是你的"精神/物质股东"呀！他们曾经为你的项目付过多少钱，甚至是以众筹形式而筹集的资金，都可以写进去。众筹方式越特别，越有记忆点。

我当时写了自己 2018 年被一位天使投资人资助 15 万去拍摄《一百种生活》，以及 2021 年被上海 EFG 天使基金会投资的经历。还写了自己为了完成拍纪录片的梦想，用招募梦想制片人的创意变现。

如果你已经完成了上面的部分，那么恭喜你已经解决了最难的部分，接下来就是最后的收尾了。有没有这个收尾都不是最重要的，上面的内容才是你最重要的部分。填的时候一定要耐心，而且态度要谦虚，不能太骄傲。

我填表的时候不停告诉自己："没关系，我就试一试，不行的话大不了明年再来。"心态一定要端正。

6）推荐人（填表进度：80%）

填写推荐人或推荐机构，如表 4-6 所示。

表 4 6　推荐人信息

填表 进度 80%	推荐人或推荐机构： ————————————————

资料来源：2021 年福布斯 U30 报名表

如果你有认识业界比较出名的上市公司企业家，可以直接填。我当时填的是我的第二家投资机构 EFG 基金会。如果你没有，完全可以不写，影响不大。

7）身份信息（填表进度：90%）

填写本人真实的身份信息，如表 4-7 所示。

表 4-7　身份确认信息

填表 进度 90%	公司网址： ———————————————— 个人微信： ———————————————— 提交本人照片（全身或半身公关照）： ———————————————— 身份证号码： ————————————————
填表进度 100%	提交确认

资料来源：2021 年福布斯 U30 报名表

终于要结束了。如果你的公司没有网址，你可以放公司微博或者公众号链接，并且一定要是能代表你在做的事情的账号。

微信和身份证号都要填自己的，因为审核通过后，福布斯总部的编辑会添加你的微信。这个千万别填错了。我永远也忘不了那天我刚睡醒，打开微信通讯录看见福布斯编辑添加好友请求时的兴奋。

8）最后一步，点击提交（填表进度：100%）

提交后弹窗会显示："已经收到您的申请"，这样才算填写完成。申请填写完成后一般不支持再修改，如果你实在有要改的地方，必须要重新填写。所以提交前，建议你从头到尾再确认一遍。

我当时填完后（填表进度到达 100%），心情很平静。写的时候全力以赴，写完后不留任何期待，就当提前了解了一遍题目，不行的话明年再来。否则希望越大，失望也越大。

我在填完表后的整整 6 个月，我没有再收到福布斯官方的任何消息。直到在 9 月初的时候，我忽然收到福布斯编辑的好友添加。她让我最后确认一下我的个人信息，具体包括我的真实姓名、年龄和我所希望写的身份头衔。

我当时以为已经进入了最终榜单。但编辑跟我说，他们还在做最后一轮的筛查，还会有淘汰环节，最终名单要以官方宣布为主。于是，我好不容易燃烧起来的希望，又一下子跌落了下去。所以对于报名福布斯 U30 这件事，我对谁也没说。直到半个月后，也就是 9 月中旬。那位编辑微信发给我官宣榜单，她对我说："恭喜上榜。"

我当时正在贵州拜访我的一位大学朋友，坐在一家奶茶店里等他来。看到消息后我一下子站了起来，在奶茶店里尖叫，店员一脸错愕地看着我。直到朋友来了以后，我喜极而泣地和他分享这个好消息。

那天，我的好朋友开着摩托车载着我穿行在山谷中，我们在夕阳里大声地唱歌。那一刻，我真的觉得是自己人生的高光时刻。就像全世界都在告诉你，你把自己的人生玩得很好，很欣慰你建好了自己的游乐园。

所以亲爱的朋友，如果你也一直在实践着自己的梦想，不要害怕，抓住这个机会，勇敢去尝试吧！填写了申请可能会上榜，不填就一定不会上榜。这些时刻会变成一个又一个的里程碑，在你普通又平凡的日子里闪着光，让你一次次坚定自己的热爱。

后来我根据同样的报名逻辑，报名并上榜了 2022 年的胡润百富 U30。随着这两个官方榜单的公布，渐渐地我发现找我咨询报名的用户越来越多，我立刻想到自己可以为创始人提供一对一的榜单报名咨询服务。

于是我针对创始人提供 1 万元 / 小时的咨询服务，这样交付快、痛点大、高净值的双赢模式，让我帮助了许多位创始人解决了报名问题，堪称限量款的高客单商业咨询服务。创始人们既大方地把公司商业模式分享给我，又把自己的个人创业故事讲给我听。而我又最擅长把他们觉得平平无奇的经历提炼成一个个吸引人的好故事，帮助他们更好地申请上榜。

这也是我从自己的优势里，发掘出来的商业变现点。

到第二年的时候，我发现福布斯已经完全取消了"生活方式与艺术"领域，从原来 300 位上榜者直接对半砍到了 150 人，也就是说，如果我当时再晚一年报名，我可能永远都上不了这个榜单了。还好那天我立刻果断地报了名！原来真的有一些奇妙的勇敢时刻，真的会决定你的某种命运。

4.3.4　完成比完美更重要

我一直都是那个在公厕排队一定会找到空位的人。

很多次，当我在公厕排队的时候，我站在队伍中间会去做这样一件事：推开每一个厕所的门，看看有没有其他空的位置。好几次，我真的都找到了。然后直接从队伍里进去，留下前排几个面面相觑的女孩子。

有一次，公厕又排起了长队。这时，我看见旁边写着"残障人专用"的厕所里是空的，我想也不想就直接进去了，没有残障人就正常人用嘛！一样的！我心想，至少我又给自己省了 5 分钟的排队时间。我觉得人生也是这样。

很多机会都得靠自己积极主动去争取，才有可能得到。如果一直只排队等待机会，等到你的时候既浪费了自己的时间，又有可能丧失了选择的权利。更何况边排队边争取，其实也是一种兼顾的战略智慧。

拍摄《一百种生活》这件事，给我最大的感觉就是我每天都很有创造力，会想很多点子，然后把它们一个个去落实。有时候真的很快乐，但烦恼也很多，怕没有人看我的视频，会对数据和流量焦虑。

我是从 2018 年的 9 月开始拍摄《一百种生活》第一期的，但却是在 2020 年才对外发布。那个时候的我，总觉得自己做得还不够好，认为这个片子还不够完美，自己还配不上《一百种生活》。我希望能把它做到很完美，然后再让更多人知道这件事。不然总觉得很羞愧，哪里来的自信去推一个自己信心都不足的作品呢？

直到有一天，我有一个好朋友知道这件事后，对我说了一句很重要的话："小伊，有时候完成比完美更重要。"

这句话，简直让我醍醐灌顶！是啊，我们永远都做不到别人眼中的完美，而且很可能在你完美的过程中，就有人已经做了类似的事情，那这个创意就不再只属于你。朋友的这句话，让我决定不再闷声做事，边完成边完美。我必须要让更多人知道，我有这个代表作！

4.3.5 登上微博热搜

2020 年初，中国爆发了新冠疫情，举国居家隔离。在这期间，我刚好有了大把的时间可以和自己相处，于是我就宅家静心整理了前两年断断续续拍过的 7 种生活。我把每一期的视频都发布在各个平台上，甚至还在微信公众号上连载相关的文章。等到每一期视频发布后，点击量果不出其然，凄惨得让我一度感到羞愧。

不过万事开头难，我既然已经迈出了最重要的第一步，无论如何也要把这件事做完。我打算剪一个精华版的视频，让用户在最短的时间内了解到我这两年拍摄的生活方式。于是我一鼓作气，化悲愤为动力，把自己关在房间里剪了两天两夜。每一期的生活我做了地点的标注，航拍和生活场景都选了最能感染人的片段。最后，我终于剪完了《一百种生活》的第一个 2 分钟的精华短片，还写了一篇名为《她用 2 年时间背包旅行，只为拍完这 100 种生活》的文章。

没想到那篇文章获得了几万的阅读量，我的朋友圈都在转发。一夜之间，很多人知道我在做《一百种生活》的纪录片。那个时候，我的朋友、同学，甚至很久不联系的朋友，忽然跑来私信我，说这就是他的梦想，很高兴看到有人把它变成了现实。

我当时正在经历一个新的迷茫期，但就是这个时刻，我决定把这件事做下去，因为在某种程度上，我是在帮别人实现他的梦想。我第一次强烈地意识到：想要成为一个真正的 IP，需要一个重要的代表作，最好这个代表作是别人想做却没能做的事情。

随着拍摄期数的增加，我做视频也越来越自信了。2020 年《一百种生活》第一季的当地民居系列结束后，我又做了第二季，开始探寻一座城市里的 100 种生活。我拍下了《在魔都的 6 种生活方式》，通过不同的视角，探索了更多元的魔都。

我通过画家的生活，感受她眼里富有浪漫的魔都；我走进老洋房文化传播者的生活，感受他对百年洋房的热爱和沉浸式体验；我跟随滴滴师傅们，用 24 小时在魔都的高架公路上飞驰，感受车里不同的上海；我深入富豪企业家的花园别墅，学习富人的赚钱思维；我和法国人 Oscar 在上海街头狂奔，外国人在上海的生活方式让我收获到了随时都可以重新开始的勇气……

我想起小时候，家里阳台有一面水泥墙，每次下雨的时候就会有雨点"滴滴答答"落在上面，变成各种各样的形状。我当时大概六岁，很喜欢坐在阳台上看雨落在水泥墙上变化出新的图形，像观看一场宫廷剧。那时候我不知道这原来叫"想象力"。在脑海里的，是想象力。做出来的，才是勇气。

在我坚持完成代表作的过程里，有一天我在后台收到了快手编辑的私信。快手官方觉得 100 种生活是个非常有趣的选题，希望能采访我。毕竟是平台的邀请，我毫不犹豫地答应了。

那天采访其实非常简单，快手罗列了几个他们好奇的问题，让我录音，也要了一些我的视频片段。我一直以为这个采访可能就只有这些了，没想到第二天我竟然在微博上看到了一个热搜话题："24 岁女孩用 4 年时间体验 100 种生活"。

点开热搜后，才发现正是快手采访我的那段视频，甚至联合了凤凰网、荔枝新闻、新浪旅游、四度新闻等 16 家知名媒体一起发布，话题热度已经超过 500 万。我越发相信，只要认真地做内容，你一定会被更多人看见。哪怕你已经被采访过很多次，永远也要像第一次接受采访时一样认真，因为你可能想不到这背后会是怎样的蝴蝶效应。

生活需要盼头，这些盼头让我们的日常里有了很多不一样的时刻。是这些时刻，唤醒我们进入人生电影里，成为主人公。人生就是一幅有高低波峰的曲线图，不要忘了热爱你的每一天。

4.3.6　TEDx 交大演讲的机遇

我第一次听 TED 是在一个网络媒体上，视频里的讲者站在一个被镁光灯聚拢的舞台上分享自己的故事。他的演讲视频甚至会被全球数千万的观众看到，那真是一件酷得不得了的事情。

TED 的口号是传播一切值得传播的创意。每次我看 TED，都会记下自己很喜欢的句子，还会把最喜欢的几段视频反复看。我大学时代就在心里种下了一个能在这样的舞台上激情演讲的梦想。为此，我还特地打印了一张 TED 演讲现场的照片，贴在自己的书桌上，每天工作的时候就盯着看，沮丧难过的时候也能从这张照片里获得很多安慰。我渴望能站上那样的舞台，成为一名 TED 演讲者。

在我连续做了两季的《一百种生活》后，有一天，我的一位好友私信我，约我晚上一起参加一个理事会晚宴。这个活动很有意思的一点是，主办方邀请嘉宾，并要求他再带一位同等分量的朋友一起前来。本质上，这个活动就是一个链接人脉的社交饭局。我天然地不排斥这样的活动，况且能多认识一些资源也是极好的。

我就是在这个饭局上，结识了 TEDx 的策展人梦佳。

饭局开场前，每位嘉宾会有一个自我介绍。到场的人大多是企业家、作家、画家、新零售品牌创始人、媒体人等，我当时是以《一百种生活》创作人和福布斯 U30 的身份来参加的。

在介绍环节，面前一位短发干练的女人站起身来，豪爽干脆地介绍着自己："大家好，我叫马梦佳，是 TEDx 的策展人……"她说话的时候我一直在盯着她看，这是我离自己实现演讲梦想最近的一次。于是那天晚上，我的注意力都放在了这位 TEDx 策展人身上。

这场饭局除了每个人的自我介绍外，还穿插着几个特别有意思的互动环节。如分享你第一次自我意识觉醒的时刻，最近让你感到治愈的一瞬间是什么，今年最期待和最想完成的一件事是什么……这些和心灵生活比较接近的话题都是我的专场。

刚好梦佳也是个不怯场的人，我俩在饭局上互相提及对方，还给嘉宾们出互动的问题，一场社交饭局被我们两个社交达人搞得异常活跃。就这样，我们记住了彼此。

饭局茶歇，我主动过去找梦佳攀谈，像个心怀梦想的少女一样真诚地对她说："我一直都有一个梦想，希望能够登上 TED 做一场演讲。"梦佳肯定了我的梦想，我们相互加了微信。

于是我就这样加到了 TEDx 策展人的微信。很多时候，我们真的要主动展示自己，让更多人看到你，记住你，机会才会慢慢向你靠近。

那场饭局后的两个礼拜，有一天我忽然接到梦佳给我打的一通电话，她说："小伊，我记得你想参加 TED 的演讲活动是吗？这个月底我们策划了 TEDxSJTU（上海交通大学）活动，有兴趣来分享一下吗？你是全场最年轻的嘉宾，也更贴近学生们的生活……"

没想到我的第一场 TED 演讲居然是在上海交通大学！更没想到之后，我的第一本新书也是上海交通大学出版社出版的！那天，我站在漫天飞絮的舞台上，感动不已。我在想，如果当初那个 18 岁的小女孩知道有一天会成为她最想成为的人，那个时候的她，是不是可以活得更勇敢一些？

你的代表作就是你最好的名片。请相信，机会永远留给有准备的人，只有当你准备好了，在机会来临时，你才能乘风起航。

4.4　捕捉生活中的灵感

如果你觉得自己没有什么创意，也想不到什么好的代表作，那么很可能你还没意识到自己生活在一个充满灵感的世界。这个世界是一个偌大的宝库，我们要善于"寻宝"。只有我们对这个世界敞开怀抱，世界才会拥抱我们。当你真的能够用心地去感受生命，你会发现作为一个人真的非常快乐。

27 岁的法国青年德梅斯特曾以自己的房间为旅游地，写了《在自己房间里的旅行》一书。他因为被军官惩罚在自己房间里闭关 3 个月，于是德梅斯特把这种痛苦的惩罚，想象成了一场为期 3 个月的在自己房间里的旅行。

他先把门锁上，换上一套粉红与粉蓝相间的睡衣。在没有行李的负担下，他先来到沙发，也就是客厅里最大的一件家具。这趟旅程使他抛开平常的倦怠，以新奇的眼光注视这沙发，并发现了其前所未见的特质。他赞叹沙发椅脚的优雅，回忆起自己在椅垫上蜷曲的时光，梦想爱情和前程。接下来他的目光由沙发转移到床，以旅人之眼欣赏这件复杂的家具，为曾在此度过多个睡得香甜的夜晚心生感激……

他说，如果我们能把游山玩水的那种心境带入自己的居住地，可能会发现自己的家就像是在南美洲看到的蝴蝶漫天的丛林一样有趣。

超级演说家刘媛媛曾说："人生和人生是没有可比性的，我们的人生是怎么样，完全取决于自己的感受。你一辈子都在感受抱怨，那你的一生就是抱怨的一生；你一辈子都在感受感动，那你的一生就是感动的一生；你一辈子都立志于改变这个社会，那你的一生就是一个斗士的一生。"

这段话后来常常被我拿来自我反省。如果当下我觉得自己运气很差，遇到的都是糟糕的事情，我不会花时间去埋怨自己的生活，而是选择先调整自己的心情，告诉自己："我是幸运的，我很热爱生活，无论发生什么我绝不放弃。"神奇的是，当我没有花时间抱怨，而是把时间花在解决问题上时，我的生活居然真的渐渐好起来了，我的心情也越来越好，好事情开始发生在我身上。

我想起自己 8 岁的时候，当时的小学离我们家只有 1 千米的距离。每次别人家的小孩 20 分钟就能到家，我偏偏要走上一两个小时才能到家。回家的路上有很多小巷，四通八达。我今天喜欢在这条小路走，明天爬那个山头绕回家，后天选一条新建的水泥路去探索。一条 1 公里的路，被我走出了 100 种回家的方法。原来小时候的行为，真的会影响未来。我虽然走了 100 种回家的小路，但我最终都是要回家的。我体验 100 种不同的生活，但我最终是要过上自己想要的生活。

2020 年，我拍摄完《一百种生活》的第一季后回到家里。那是一个午后，我坐在窗边看一朵云。我家窗外有一座米白色的大教堂，那天夕阳正好，我看着白色教堂闪闪发亮，忽然想象那是一座建在米兰的大教堂。再看三楼的草坪时，我想象自己置身在内蒙古的大草原里。当夜幕降临，窗前只剩一轮明月，我想象自己漂在一艘船上……当你热爱生活时，你会发现世界就在你的身边。

下面我将和大家分享 5 个拓宽思路、收集创意的方法，也希望这些方法能够帮助你打开思路，为你带去创作灵感。

4.4.1 记错本：人生课题案例

我有一本记错本，上面记载了我的"人生课题案例"。每当我做错一件事，我会把这件事给我的教训写下来，还会写下如果再发生一次，我会怎么做可以把它做得更好。

（1）这件事做得对的地方。

（2）不对的地方。

（3）再来一次可以怎么做。

世上没有后悔药，但还好我有我的记错本，我可以在本子里"重返时光"。痛苦本身没有意义，对痛苦的反思才有意义。这样你的人生就会变成不断收集灵感和故事的游乐场，非常好玩。你既是自己的学生，也是自己的老师。

4.4.2 记梦本：欢迎光临我的梦

我对梦境向来十分好奇，很多梦里出现的故事是我现实中很难想象到的剧情。我常常把梦境的世界当成是我的另一个平行时空。那么，如何可以更好地留住这些梦里的故事呢？

从 18 岁开始，我就一直有记梦的习惯，写到现在收集了将近 100 个梦境。每次翻开这本《百梦斋》时（我给记梦本起的名字），都像在读一本我的另一个版本的自传。在这本自传里，我像《马丁的早晨》一样，每次都有一个新的身份和超能力。在扉页我写了这样一句话：欢迎光临我的梦。

我记梦的方法是这样的：每天一早醒来，我会先打开手机备忘录的语言转文字功能，迅速讲出我的梦境故事。可能刚开始还会有点混乱，因为我们往往不太记得一个梦的开端是什么。但我会先从自己最熟悉的部分讲起，边讲边回忆，前后故事也都会逐渐串联起来。

当你从梦境里清醒过来，回到现实世界时，一定要在开始停留在现实世界的时候，赶紧把梦写下来，否则越清醒你就越记不清楚。

我总是会拿梦境世界和现实世界这样打比喻：梦境世界和现实世界就像一个沙漏一样，而我是里面的沙。当我做梦的时候，我沉浸在梦境的那一端，但当我从梦里醒来，我渐渐地开始来到现实世界的另一端。梦境的我一点点流失到现实世界里，所以我们的梦做得越清醒，现实的意识就会越强，越逼近醒来的状态。

所以当我们来到现实世界时，就要赶紧通过记梦的方式，在沙漏彻底倾斜完之前，留住体内最后一些"梦境的我"，来捕捉当时在梦境世界里发生的奇妙故事。

我会在我的记梦本里写下以下几点。

（1）梦中人物。

（2）梦的故事。

（3）自我分析梦的启发。

（4）睡前在想什么。

最后我还会给自己的这场梦取一个名字，如《漂流在蓝色星球》《海上落日奇遇记》等，这样我"虚拟"的梦境就有了一个看得见摸得着的文字故事了。

研究自己做过的梦，是一件十分有趣的事情。和大家分享一个我最印象深刻的梦，它几乎是我梦境和生活离得最近的一次。

我曾经就做过一个特别神奇的梦：有一次，我梦见自己把第二天和好朋友的约会搞砸了。梦里我沮丧地对自己说："要是时间能再来一次该多好"。然后我醒了。那一天，刚好是还没发生约会的当天。后来我真的扭转局势，把下午的约会进行得非常顺利。回去以后，我写了这样一段话：

"忽然很想拥有一种超能力：就是把每天都过成两遍。一遍用来发现，一遍用来实现。"

4.4.3　每年的自我总结：这一年的 10 条新认知

每个月我都会在公众号上写一篇月度复盘，来总结我这个月做的事情和一些新的启发收获。除此之外，我在备忘录里还有一个随时更新的笔记，我取名为《每年的自我总结》，用来记录每一年对自己的 10 条新认知。

苏格拉底说："人啊，认识你自己。"我越来越觉得，认识自己是一生的功课。

每年，我会写下 10 条给自己的训诫。它们往往不是一气呵成写出来的，更多时候是当下发生了某件事，这个点忽然被我发现了，于是我赶紧写下来。这是我用 365 天的时间，清晰地探索我自己生命里的每一个细节。

我之前还会因为这些是我人性的弱点而耻于分享，但我后来终于明白，这些弱点其实也是"我"重要的一部分。正视它们，也意味着正视我自己。如果我能发现并且愿意改变，它们或许有机会变成某个优点。但如果实在悖于我的人性，平时注意规避就行，过分在意才是自我伤害。于是，我学会了和自己和解。

用这种方式复盘自己每一年的成长，每一年都会刷新一遍自己。

我最喜欢的一本书《相约星期二》里，濒临死亡的莫里教授在他生命的最后一段时间里，和他的学生相约每周二来上一门关于人生的课。其中有一段对话影响我很深。

学生问教授："你会感慨逝去的青春吗？"

莫里教授回答："我不会，因为我是十岁的孩子，是十八岁的少年，是二十七岁的青年人，是四十岁的中年人，是八十多岁的老年人。我是自己所有年龄的总和。"

受到这段话的启发，我开始期待每个年龄不同的我是什么样的。人生而不同最重要的一点，就是因为我们经历的事情不一样，看到的风景不同。随着时间岁月的积累，这些经历成为我们的一部分。我们作为一个"人"才活得越来越有"质感"。

生命是一幅如此美妙的画卷，我要用一生细细地阅读我自己。

4.4.4　十年清单：做梦不要钱，Dream Big！

这个灵感来自我的好朋友赵亚（Jenny）。她出生在西南农村，是家里的第一代大学生，也是村子里第一个留学生。

Jenny 对世界充满渴望，16 岁就横跨半个中国坐绿皮火车去看海，大学用企业实习的钱搭车去广东、广西、云南和四川，大三去东南亚背包旅行，大四申请到去法国大企业工作机会，之后拿着奖学金读 MBA，环游了九十个国家，考了滑翔伞飞行员证书，成为第一个去伊朗飞伞的中国飞行员，还学了潜水并去加勒比航海了 2 个冬季。

Jenny 还是一个有 11 年工作经验的职业经理人，在法国、澳洲、国内都工作过，作为数字游民她可以远程办公，不受地理空间的限制。尽管如此，我每次见她不是忙着开会就是忙着做 PPT，简直是个超级工作狂。她投入工作时会百分百付出，但也不忘抽时间给自己充电，每周末都会自己背包来一场短途旅行。Jenny 很懂得安排她的工作和生活。

她还很热爱公益，创办了中国首家英文滑翔伞网站 Paraglidingchina.org 和联合创办了中国首家赋能第一代大学生公益项目 China Youth of Tomorrow（CYOT），她真的把自己想做的事一件件去实现了。

我曾经从 Jenny 那听过一个很有趣的词——职场"安息

年"（sabbatical year）。犹太人每工作 7 年，就要休息 1 年，于是她也保持着每工作 7 年就充电 1 年的习惯。

我好奇地问 Jenny 是如何从农村女孩逆袭都市金领的，她和我分享了她的一个秘密——《十年清单》，这个清单后来深深地影响了我。我每年的 12 月 31 日跨年夜就会开始写自己的"今年十个愿望"（十年清单迷你版）。她从 22 岁的时候就开始给自己列十年清单了，她还特别强调：做梦不要钱，dream big！十年计划要有野心一点，一年计划要详细踏实一点。写下愿望的那一刻，就是在对未来的理想生活下订单，是在向宇宙发射你的愿望。渴望是神秘核心，你必须训练你的愿望。

她说："每当我感到沮丧的时候，想到自己十年后要成为清单上的模样，就觉得自己还有事情要做，生活还有值得期待的东西。"如果你看过电影《遗愿清单》，里面两位主人公在自己生命的最后一段时光肆无忌惮地活得淋漓尽致的模样，你会感叹道：这才是真正的生命力，这样的一生死而无憾！

再强调一下：做梦不要钱，十年计划要有野心一点。当你真的着手在写这份清单时，你会越写越感到生命是一件美好的事，我们来到这个世界上还有很多事没做，你依然拥有无限的可能。

当一个人有愿望且足够强烈的时候，她就会一步步长成自己愿望中的样子。至今，我都按我的《十年清单》进行着，我很感谢我的好友 Jenny。

4.4.5 今年想实现的十个愿望

作家王潇说："人生是一场渴望验证之旅。"如果十年清单太长，你可以每年给自己写一份《今年想实现的十个愿望》，这也是我每一年跨年都要做的一件有仪式感的事。

我从 20 岁开始就会给自己每年写十个愿望，已经写了四年。我会在每年跨年之夜，打开一盏灯，在灯下拿出一张白纸，然后写下今年要完成的 10 件事。十年计划要有野心一点，一年计划要详细踏实一点。所以写下这十个愿望，一定要在一年范围内尽可能实现。当我每个跨年夜都有这样的一个有仪式感的时刻，我对新的一年也充满了希望。

写完新年愿望单以后，我会把它折起来放在一个盒子里，等待明年的跨年夜再拆开来看自己完成了多少。很神奇的是，我发现几乎 80% 的愿望都实现了。其实当我们写下愿望的那一刻，就已经在向宇宙下订单了。

记得随时竖起你的天线，接收来自你身边的灵感，你将会成为这个世界的主动收集者，而不是一个被动承受者。一旦你拥有了这样的觉知，你会发现这个世界充满了灵感，而你也将会拥有一个非常棒的人生。

第 5 章

热爱型商业模式的闭环

我们是自己人生画布的主人。

欢迎来到"热爱型商业模式五步法"的最后一步是打造商业模式的闭环。

我们是经历了很长一段路程和对自我的深刻探索，才来到这里。此刻你已经不再迷茫和焦虑，知道自己真正的热爱是什么，以及可以怎样变现。

股神巴菲特曾说："最好的投资就是投资你自己。"根据 Freelancer 网站的调查报告显示，在疫情推动下，自由职业者和多重职业身份的人数激增，自由职业者的职位相比第一季度增加了 25%。这意味着，超级个体的时代正在快速崛起，比起为充满变数的公司打工，发展个体商业模式更适用于当下。每个人都需要找到自己的核心竞争力。

如果说王牌产品保证你的现金流，代表作保证你的可持续流动客源，那么商业闭环则可以保证整个系统的正向循环，帮助你了解自己的这份热爱可以做到多大规模，以及这份事业的营收是否符合自己的期望。

《纳瓦尔宝典》里说："如果你真的热爱一个事物，那就追随本心，努力找到利用它满足社会真实需求的切入点，利用杠杆效应扩大规模，以个人名义担起责任。"

我通过"21天热爱变现"训练营，帮助用户打造1个王牌产品。在这个过程里我既帮助用户解决变现问题，反过来又刺激我产生更多关于热爱变现的商业灵感，而学员们的故事又吸引了更多想要通过热爱变现的同频用户，"用户、产品、代表作"进入了正向循环。

当我们找到真正的热爱后，就把它落地变成一个产品或服务，最终投放进市场。根据用户反馈和需求进行不断优化升级迭代，最终形成一个"产品和人"的正反馈循环系统。你的热爱型商业模式就成了。

5.1　商业模式闭环思维

"每一个热爱自己事业的人，都是因为开发了真正的自己"。

如果你有一个好想法但是不会设计产品体系和定价，可以参考"金字塔模型"。这是一套业内公用的产品设计逻辑，而整个金字塔的核心就是围绕着你的热爱为用户提供有价值的产品体系。

根据热爱型商业模式，我做了金字塔模型内容的重点优化。本章我们来讲讲如何为自己的产品定价，以及可以怎样用金字塔模型设计热爱型商业模式的闭环。

5.1.1　商业模式金字塔

商业模式金字塔主要包含四个部分：引流产品、王牌产品、高端产品和雪山产品（见图 5-1）。

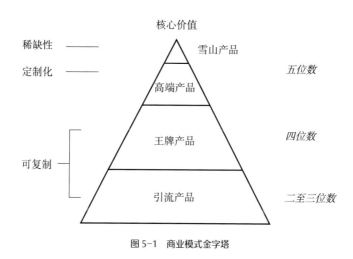

图 5-1　商业模式金字塔

通常来说，引流产品可以设置在两位数或三位数的价位，如我们在网上经常看到的一些免费或轻付费的直播、付费课程等，都属于引流产品，是你把这份热爱伸向市场的第一把钩子。

王牌产品是我们用热爱赚到第一桶金的核心产品，定价一般在四位数左右。它能够支撑起你主要事业的现金流业务，保证你的核心利润。引流产品和王牌产品，都必须是可复制可规模化的产品，这决定了你的事业最终可以做到多大的规模。

高端产品的定价可以在五位数，它往往是一种定制化的高端服务。甚至当一些潜在用户还无法购买雪山产品的时候，这类产品还能够降维吸引用户购买核心的王牌产品。

雪山产品的单价是整套模式里最高的，这个产品的存在就像我们在攀登一座雪山时看到的山顶一样摄人心魄。它属于稀缺性产品，让用户有一种限量购买的饥饿感，同时高价的门槛又筛选出了一部分精准的高净值用户。雪山产品往往也最容易产生具有影响力的杠杆案例，是整个模式里的巅峰存在。

一个完整的热爱型商业模式体系离不开这四档产品。如果我们还是小而美的个人团队时，可以只开发到高端产品即可，然后再根据你的客户积累和用户刚需，研发出雪山产品。

这四档产品还可以随着你的代表作和影响力逐年积累，而产生更多的品牌溢价。拿我自己为例，我现在的核心热爱是：聚焦热爱变现的商业咨询，为用户解决不知道如何用热爱变现的痛点。引流产品是 199 元的直播课和商业创意课，王牌产品是 3 980 元的"21 天热爱变现训练营"，高端产品是 5 万元/年的"年度商业咨询服务"，雪山产品承接大公司客户做商业创意顾问，费用在 20 万元以上（2023 年报价）。

其中，我引流的方式有：收集热爱变现的财商故事，通过文字和视频传播，直播解答，受邀演讲，参加线上线下活动等。这个过程里，虽然我宣传的形式多种多样，但始终围绕着"热爱变现"的核心思想，所有的产品和行动都朝着一个方向层层递进。

5.1.2　商业导师的灯塔力量

当然，在这个过程中我们还是有可能迷失方向，这时候该怎么办呢？

曾经我在从事自己热爱的事业这条路上也迷路过，正因如此我才更加明白"找一个你喜欢并且高度认同你价值的商业导师"有多重要。

在我决定做商业导师之前，我曾斥资一大笔钱向一位商业导师深度学习。一个立志要做帮用户热爱变现的导师，也需要导师。当我真正想要为自己构建起一份"利他"的事业时，我清楚地意识到我需要一个灯塔，一个真正的商业导师。

这个想法源自于去年，当我和几个朋友聊天时，我发现自己总是下意识地这样说："如果时间能回到五年前，我第一次拿到天使投资 15 万的那一刻，我一定会先拿这笔钱去请一个真正的商业导师陪跑。"

直到今年年初，我靠自媒体业务赚到了一笔不菲的报酬，我心里的那个声音又跑出来了："如果你迷茫了，就去找一个信任的商业顾问，你需要的。"是的，我已经无法再回到五年前，但我几乎可以确信，此刻就是我 30 岁的五年前。

有意思的是，我的商业顾问曾经和我聊过，提议可以用媒体资源置换一年的咨询服务，但我固执地觉得，用金钱为他人的服务和时间买单才能体现双方对这件事的充分重视。我希望以后别人也能这么对我，哈哈。

尽管我身边也不乏像栗先生或我的天使投资人那样的贵人在，但我认为偶尔和贵人交换想法是可以的，但不能一直免费找他们帮我想办法，因此一个专业的商业导师的存在就显得十分必要了。

神奇的是，自从我找到了商业导师后，可能是由于我整体的心情变好了，我的财富竟然也莫名地多了起来。我几乎用了不到一个月的时间，很快又把这笔咨询费给赚了回来。

找到一个你深度认同并且理解你做这件事的核心价值导师，真的太重要了。他会在你打造个人事业的这条路上，及时为你纠正方向，用他的经验和认知一对一地提供有效的方法，帮助你少踩坑，这本质上就是在为我们的认知买单。你花的每一分钱，都在创造你心中的世界。

5.2　遇到你的理想合伙人

"最优秀的合伙人不一定是最好的，最适合你的才是最好的。"

如果说找到一个凝结了你的热爱和价值观的产品是用热爱赚到第一桶金的核心因素，那么一个理想的合伙人无异于你的左膀右臂，能帮助让你在商业模式上更好地跑起来。

这样的合伙人，意味着他同样理解你的热爱，并且坚信这份事业将会给这个社会带来巨大的价值，而你们身上还有互补的地方。合伙人的第一要素就是价值观一致，即企业文化的高度认同。合伙人很难一下子就遇到，大部分是要在共事过一段时间后发现。因此我们要在实践自己热爱的事业这条路上，仔细甄辨和留意潜在的合伙人。

5.2.1　从客户到合伙人：电影《印度合伙人》

《印度合伙人》是我非常喜欢的一部创业电影，故事根据印度草根企业家阿鲁纳恰拉姆·穆鲁加南萨姆真实事迹改编。初中文化程度的主人公拉克希米为了妻子的健康，寻找低成本的卫生巾生产方法，却被全村人视为变态、疯子，最后他远走大城市德里，遇到了生命中最重要的美女合伙人帕里，最终发明了低成本卫生巾生产机器，让每个印度女性都能使用上便宜好用又健康的卫生巾，此举为印度全国女性经期卫生观念带来了变革。

电影中最震撼我的剧情，莫过于拉克希米遇到自己的合伙人帕里的故事。因为发明护垫而被全村人唾弃的拉克希米，来到一个全新陌生的地区，正式开始研发他的护垫，但一直苦于找不到可以试验的女性用户。直到有天，帕里来到当地开的一场音乐会，活动结束后她发现自己的大姨妈来了，于是她和助理一路开车找药店买护垫。拉克希米正苦恼地走在路上时，刚好就把自己今天刚做好的产品给了她们。

第二天，拉克希米来到帕里所在的酒店，询问她使用效果。一开始，这样的举动（一个陌生男子询问护垫使用效果的场景）确实很难不让人联想到变态。但当帕里说出"这和正常的护垫没什么两样啊"这句话时，她是第一个正面给予拉克希米产品反馈的女性用户。

帕里还建议拉克希米可以在护垫的背面做黏性设计，这样可以更加牢固。在这之前，没有人对拉克希米"献计献策"。

后来知道拉克希米的创业故事后，帕里不仅深深地为拉克希米的精神所打动，还帮拉克希米报名印度德里最盛大的一场创业创新大赛。这场比赛改变了家乡人对拉克希米是"变态发明家"的恶劣印象。

拉克希米是幸运的，他遇到了一个认知比自己高的合伙人。如果不是帕里，拉克希米不会知道可以通过参加这样大型的全国创业比赛，来提高自己产品在国内的知名度；更不会在农村很难推广护垫产品的时候，扛着一个大麻袋挨家挨户找女性客户；他甚至还想到了带动当地农村女性做销售，在增加她们收入的同时，还能更好地普及这款产品。

帕里甚至还邀请了他的父亲来护垫工厂参观，而后带来了更多的媒体资源。拉克希米"护垫侠"的创业故事被越来越多人知道，甚至最后被邀请到联合国做演讲。有段时间，克拉西米本可以靠着自己发明的机器售卖给大公司赚钱，但他明确自己的初衷是为更多印度妇女普及使用卫生巾的习惯。合伙人帕里依然理解和支持了克拉西米的决定，没有从金钱至上的角度来毁灭合伙人的梦想。

一生能遇到这样的合伙人，实在太难得了。帕里作为这款护垫的第一个使用者（即客户），因为对克拉西米创业理念的深深认同而加入了团队，最终帮助这个品牌获得成功。有时候，你的铁杆用户反而是最有潜力成为合伙人的人选，记得留意你身边志同道合并能给你建议和帮助的用户啊。

这部电影可以让你在创业路上感到迷茫的时候拿出来吸收能量，我每次观看的时候心里都要默念一百遍："来个这样的合伙人吧！"

5.2.2　为榜样著书立作：《纳瓦尔宝典》的创作故事

我们再来看一个为榜样著书立作的真实故事。这个故事启发我：当你想要链接自己喜欢的榜样时，最好的方法就是提供他需要的价值。

纳瓦尔是硅谷成功的创业家和天使投资人，他创办了著名的股权众筹平台 AngelList，投中了推特、优步等公司。他和自己的合伙人创立了一个博客，专门在网上教人们如何筹集创业资金，渐渐地越来越多的创业者希望纳瓦尔能够代劳。于是纳瓦尔找到了用户的痛点和需求，创建了股权众筹平台 AngelList。这家公司现在是硅谷最炙手可热的初创公司之一。

纳瓦尔还很懂得运用媒体杠杆。他将自己多年的投资致富和创造幸福人生的经验凝练成了一条推文《如何不靠运气致富》，这条推文至今还是推特转载最多的动态之一。

后来，纳瓦尔的铁杆粉丝埃里克·乔根森因为经常阅读纳瓦尔的博客，也常常把他的观点分享给自己的朋友。一次，埃里克在一场和朋友的对话中得到灵感："为什么自己不做那个把纳瓦尔的话整理起来的人呢？这样就能帮助熟知纳瓦尔的人和新晋读者学习他的观点。"

于是埃里克在推特上发布了一条推文，神奇的是，纳瓦尔本人真的回复了他，并且出于对写书这件事的认同，埃里克不仅获得了和纳瓦尔面对面的采访机会，还最终获得了纳瓦尔唯一授权著书立作的权利。

《纳瓦尔宝典》这本书于 2022 年 4 月出版，已经位列商业图书榜单之首。埃里克在书里这样说道："我非常感谢纳瓦尔信任一个网上的陌生人，因为你的信任和支持，现在，一条推文变成了一部了不起的作品。我感激你的回应、慷慨和信任。"

这真是一个能够和自己的榜样建立链接的好方式啊！最有意思的是，在编者自序里，埃里克因为担心自己整理的内容有对纳瓦尔不利的地方，他还附加了一句："在这本书里，一切亮点均属纳瓦尔，所有错误都归我一人。"

看到这一段话的我忍不住笑了出来，多么可爱的作者啊，生怕自己笔下的一句话损害了榜样的荣誉。如果你想要和自己的榜样能够有机会链接，不妨想想他有什么需求是你可以为他提供的，然后用这个需求打动他。

5.2.3　李欣频团队：从书迷到成为榜样的合伙人

能够和自己喜欢的榜样一起工作，甚至成为合伙人，这大概是很多人梦寐以求的事情吧！在本书里，我数次提到我个人喜欢的作家李欣频，如今她也从一位出版 30 多本书的畅销书作家，变成了一位品牌创始人。文案天后李欣频和她的合伙人杨帆的故事，就是一个从书迷到合伙人的励志故事。

在遇到李欣频以前，杨帆还在中国戏曲学院的导演系念书。当时的她对很多事物都感兴趣，也开始认真思考自己的未来发展之路。有一天，她意外在《女友》杂志上看到李欣频的一篇专栏文章，忽然她眼前一亮。杨帆说："我当时觉得这个专栏作者好有趣，有时会在文章里分享她看电影的独特视角，有时会分享从一个食物引发的创作观点……好像所有东西都能被她写活。"

杨帆在杂志上如饥似渴地追李欣频写的每期文章，渐渐地她不再满足于只在专栏上寻找李欣频的文字，开始搜罗当时能买到的所有李欣频出版的书籍。从《广告拜物教》《食物恋》到《十四堂人生创意课》等，大量阅读消化后，杨帆成了李欣频的忠实书迷。

几年后，李欣频已经成为了畅销书作家，在北京大学边读博边授课，但还没有发展出完整的个人事业。

杨帆大学毕业后来到一家唱片公司开始了她的职场生涯。工作收获虽多，她却很清楚知道这份工作并不适合自己，心里总是空落落的，像是少了什么似的。

当对一个人感兴趣时，你就会在各大平台上搜这个人的主页，以找到更多在书籍文章里看不到的信息。杨帆关注了李欣频的微博后，私信问她是否带研究生。她希望能读研成为李欣频的学生，但当时正在读博的李欣频并没有带研究生的资格。命运让她们有了第一次的错过，但她们的故事并没有就此结束。

某一天下午，杨帆忽然在微博里看到李欣频转发了一条广告公司的文案，内容是李欣频朋友的公司想招聘一位创意文案。看到这条微博时，杨帆内心沉寂的小火苗忽然又重新燃烧了起来。她心想："反正我一直都很喜欢广告，文案能力也不错，与其做不适合自己的工作，不如抓住任何一个机会试试看。"

说干就干，她第一时间就投去了简历。没想到此后，杨帆在这家公司一待就是十年。最开始，杨帆只是一个小文案，努力工作的她凭借对文字的热爱和敏锐的商业嗅觉，渐渐做到了创意总监，后又进入了公司的管理层。

这期间因为一些业务往来，杨帆和李欣频认识并熟知了。于是在 2019 年，她们一拍即合成为合伙人，开创了天行未来系这个品牌。

杨帆和李欣频，从书迷和作家的关系，到互相成就的合伙人，她们的故事告诉我们普通人一定要主动为自己争取机会。杨帆就因为主动抓住了机遇，才争取到了和喜欢的人生榜样一起工作的机会，并且遇见了一群志同道合的同事，开创了自己真正热爱的事业。

很多人都采访过李欣频，她在网上流传下来的采访视频确实都非常精彩。当我第一次接触到他们团队时，我就对李欣频的合伙人非常感兴趣。她和合伙人的故事最打动我，因为这代表任何一个普通人，都可以通过自己的热爱努力争取到想要的机会。如果你在当下感到十分迷茫，可以想办法为自己喜欢的榜样工作，和自己的"老师"近距离学习。这是最有效的成长方式，也能更快地帮助你找到未来的人生方向。

克里斯坦森教授在他的著作《你要如何衡量自己的一生》这本书里说："当你找到了自己喜爱的工作时，你会觉得自己没有一天是在工作。"如果你无法从 0 到 1 开始自己热爱的事业，那么加入你喜欢的榜样公司同样可以帮助你把这份热爱落地变现。而我也因为在做自己真正热爱的事情，获得了和我的榜样李欣频一次深度采访的机会。

2021 年，我在网上看到李欣频要在上海开一场两天一夜的线下大课，我正准备直接付费报名参加时，忽然转念一想："如果我只是一个普通的学员，就很难向欣频老师展示我真正的价值。我可以做点什么帮助到她呢？"

于是我打开公众号翻看了他们团队的课程和宣传文章，结果发现居然没有任何以学员的视角来记录课程体验的，而这样的视频才最能体现这堂课的整体效果。我觉得这是一个机会，于是我有了一个大胆的想法。

我找到课程的报名微信，联系了他们团队的小助理，向她转达了我希望用一条学员视角的体验视频来换取这门课的学费的想法。尽管我很早就开始在走商业接单的模式了，但用置换合作的方式链接榜样，我还是有一些没底气。

没想到小助理当天就把这个想法转达给了他的上级，而且马上安排我们通了一次电话。电话里，负责人对我的想法很满意，聊得尽兴时他忽然问我："你现在人在哪里呢？"刚好那段时间我在北京游玩，没想到他们的公司总部也在北京。于是我就顺道去了趟他们的总部，和杨帆见了一面。

那个下午我们的谈话非常愉快，彼此很同频。我们定好了创作计划后，开始确定参与拍摄的时间。我不仅得到了2个免费名额（我和随行摄影师），还体验了他们团队价值上万的师资班课程。而我也从一个看书的小书迷变成了为李欣频创作视频的导演，用自己的技能和经验帮助她的团队拥有了一份可以展示课程价值的视频。这一趟体验可谓超值。这就是主动链接你喜欢的榜样、展示价值的重要性。

如果你只是用一个粉丝的角度去表达喜爱和对接你的榜样，很容易会让自己陷入一个不对等的谈话位置，对方很可能只会把你当成一个普通的粉丝来对待。面对自己的榜样时，一定要保持自信，绝对不能表现出狂热粉丝的样子，这样对方一下子就会把你划分在"普通粉丝"的层级，你就很难和榜样"平等"地深度沟通了。

我也有经历过和粉丝的线下见面，她激动地握着我的手说："小伊，我终于见到你了，我好喜欢你啊。"听到这样的话时，我就会因为害怕打破她对我的印象，从而刻意保持一定的距离。我清楚她是一直支持我的粉丝，但心生感动不一定会变成朋友。如果她对我说，我是某个报社的记者或者某个栏目的创作人，我看了你的视频很久了，希望把你的故事分享给更多人。那就是一个对等且让人舒服地交流了，这样的对话更容易产生一些深度链接与合作。

用价值来链接，你就是一个活生生的有个性的"人"，而人和人之间，往往就是因为这样的生命力而彼此吸引。

如果你不知道自己喜欢什么工作，你可以换个思路想想自己容易被什么样的人吸引。如果有个机会，你想不想为自己的榜样工作？很多时候，我们的榜样身上所吸引自己的地方，就是你希望未来能成为的模样。能够和喜欢的榜样一起共事，或许是实现你梦想最快的生长方式。

5.3　优秀商业闭环的设计与案例

5.3.1　设计商业闭环

乔布斯在斯坦福大学演讲时说过这样一段话：

你不可能将未来的片断串联起来，你只能在回顾的时候将点点滴滴串联起来。所以你必须相信，那些点点滴滴会在你未来的生命里以某种方式串联起来。你的勇气、宿命、生活、因缘，随便什么。因为相信这些点滴能够一路链接并给你带来循从本觉的自信，它使你远离平凡，变得与众不同。

乔布斯在设计出苹果手机之前，他从里德大学退学后，并没有离开学校，而是又在学校里待了一年多，自由地学习自己真正喜欢的课程。期间他学习了一门书法课，他上这门课的时候，只是觉得这个字体很美，并没有想过以后会有什么用。后来当他要设计电脑的时候，这个字体一下子从他的眼前浮现了出来并被他运用在了电脑上，字体后来反而成了Mac 的一项核心优势。

这个故事常常启发我：你所经历的一切其实都没有被浪费。后来我在设计自己商业闭环的时候，脑海中同样浮现出了我曾经做过的所有变现项目。站在曾经的点上看，我并不觉得这之间有什么联系，但当我用热爱变现的核心把每一个项目串起来观察，才发现在咨询这个领域里到处是它们的影子。

比如，我以前就很喜欢和创始人对话，喜欢组局听故事，我的感染力往往在这样的线下场合发挥得很好。我的这个特长运用到现在做的商业顾问上，同样起到了积极作用。我帮助创始人们梳理他们的商业模式和创业故事，在倾听和输出的过程中，我的情绪感染王的性格又很好地点燃了他们，他们愿意全然地信任我。以线上咨询为主，结合线下社交为辅，相当于让曾经的森林小屋得到了质的提升。

当你真的找到了自己热爱变现的钥匙后，你身上所有的闪光点都会自己跑出来。它们让你的商业模式变得更加有趣和丰富，你不再感觉自己只是在做一件商业的事，你的事业反而变成了一个边好玩边赚钱的大型游乐场。你从用户的故事里汲取了快乐和能量，这些故事又反哺给你更多的商业灵感，如此正向循环。

5.3.2　优秀商业闭环的案例

一个优秀的商业模式，可以让你的热爱如虎添翼。

接下来和大家分享 5 个热爱型商业模式的闭环案例，让我们通过这些真实的商业故事来学习如何设计商业闭环。

案例 1　热爱户外体验，把体验设计成产品售卖

如果你热爱户外体验，并且希望能把这份热爱变成自己的终身事业，我们来看看这家好礼物公司是如何做到的。

纪实旅行纪录片《世界上的另一个我》欧洲站的第一期里，导演杨帆遇到了一个从事"礼物体验师"的主人公。他所在的这家公司还有很多位像他这样的体验师，专门体验不同的有趣玩法，并把这些体验做成一个个产品。每一张体验卡就是一份礼物，为想过生日的人带来不同的惊喜。

这家公司共有 1336 种过生日的方式，深受当地人民的喜爱，如跳伞、攀岩、滑雪、山地摩托车、坐热气球等。其中有一个体验是蒙着眼睛在黑暗中就餐，你什么也看不见，只能凭着感觉吃。有的客户不仅会在生日的时候来购买体验，还会在情侣出游、父母的结婚纪念日等所有值得庆祝的日子里进行体验。

生活中我们见过活动策划师、活动公司，但像他们这样把每一个体验拍成照片和短视频，并把原本不可复制的体验，变成了看得见摸得着还能转发分享的产品，最终通过公司实现规模化生产。这是一种极具创意的热爱型商业模式。

好礼物公司的商业模式大致分为以下几种。

礼物体验师：生产内容。

产品经理：包装产品并规模化。

公司运营：优质内容传播。

销售：对接客户和裂变客群。

该公司先通过打爆一个王牌产品，再拓展衍生出不同的体验，针对体验内容对接不同档位的价格。而旗下的礼物体验师们不仅是员工，还可以做传播公司文化的关键意见领袖。这就是典型的"热爱体验＋做成生日体验卡售卖"的商业模式。

如果我有机会参与操盘该公司，我会建议在公司体系里加一个俱乐部会员的方式，如向重度体验 VIP 的玩家收 10万／年的会费来提高用户黏性，让他们拥有全年任选玩法的体验和第一手福利。这部分的设计还可以形成一个代表作来吸引更多用户，核心始终围绕着"有趣好玩的生活体验"。

案例 1 热爱自由的工作：不打工的"破产姐妹"，为无数人提供工作自由

如果可以不用朝九晚五，在家就能完成社会需要的工

作，既能用自由的时间赚到钱，也能够以结果交付工作而不是打卡坐班，这样的生活方式你想拥有吗？

美国情景喜剧《破产姐妹》里，餐厅服务员麦克斯和落魄富家女卡罗琳成为室友，一起在餐厅打工，从做副业卖小蛋糕，到开甜品店，她们携手创业，勇闯曼哈顿。这样的女性联手搞钱的故事，现实中也正在国内涌现。凯瑟琳和 Doris 就是这样一对上海版的"破产姐妹"。

因为热爱自由，所以这对不上班的"破产姐妹"通过创建自由职业社群，为无数人带来工作自由。不喜欢打工的她们，辞职成为室友和事业合伙人，创建了 FreeLab 社群，为会员收集可以不用坐班的工作机会。我们来看看，凯瑟琳和 Doris 这对"破产姐妹"是如何用热爱赚钱的。

凯瑟琳说，她和合伙人 Doris 的性格都很不适合待在职场里，坐班会让她们感觉自己的生命被消耗。当时，她从墨尔本大学毕业回北京工作了一段时间，进了喜欢的公司，但最终却在职场中屡屡受挫，这更加坚定了自己不想坐班的想法。

有一天，凯瑟琳发了一条朋友圈，号召想要尝试自由职业的朋友进微信群，没想到很快就有来自四面八方的人涌进群。大家在群里交流自己对坐班的崩溃和对自由职业的渴望。凯瑟琳隐隐感觉到，这可能是个商机，自己或许能为大家做点什么。

2020 年的疫情居家隔离，让很多上班族开始了很长时间的远程办公。这时 Doris 找上了凯瑟琳，两个人一拍即合，决定一起为想要做自由职业的人收集远程办公的工作机会。两个人零成本、远程协作，以轻启动、快试错的方式使 FreeLab 迅速发展，集聚了 3 万名自由职业者和斜杠青年。

我微信上的群很多，但只有 FreeLab 的群一直没有屏蔽。一方面，我在研究当时大环境下什么样的公司还缺人才，什么人才最吃香；另一方面，我也在这个过程当中了解了各种各样的新职业和对应的需求，把这个群当一个职业百科全书来看也是十分有趣的。

群里每天会出现 20 条左右的自由工作咨询，内容详细到岗位、薪资待遇、工作内容等。每周群要更新 150 条工作资讯。她们的产品设计非常"利他"，几乎是可以快速交付和复制的。

凯瑟琳和 Doris 也毫不避讳地和我分享了她们目前的商业模式，主要是收费会员制，分甲方和乙方两端收费。

在 FreeLab 这个小而美的团队里，凯瑟琳主要负责对接采访嘉宾和乙方自由职业者们，而 Doris 则负责对接甲方公司的商务以及做一些设计的工作。"我们俩相当于哪里需要就往哪里补的六边形战士。"Doris 说。在这个过程里，最难也最有挑战性的工作，就是要和甲方公司普及自由职业工作这件事，毕竟传统的坐班工作方式已经深入人心。

一开始，很多甲方公司都不相信在 FreeLab 的群里能找到适合公司的优质人才。为了向甲方公司展示社群价值，星月会免费在社群里为甲方公司招募 3 次。而群里的自由工作者们也会因此而链接上甲方，对方发现忽然间收到了很多人才的微信和投过来的简历，从原先的怀疑态度，转变成了坚定的合作信念。

凯瑟琳还补充道："因为自由职业者的远程办公优势，可以帮助甲方节省租办公室的成本，以及双方通过明确的结果来做交付工作，对于两边的任务对接很有效率。"

目前 FreeLab 对接甲方的合作方式共分三种，具体如下。

（1）单次发布职位（99 元 / 次），直到帮甲方招到人为止。

（2）按照推荐人才聘用后的 50% 工资来支付酬劳。甲方可以从自由职业者的资料库里找到合适的人才。

（3）甲方支付一年的年费 999 元。这一项看起来是最划算的，但也是 FreeLab 限时限量才会推出的优惠价。凯瑟琳说，之所以这样设计，是为了能够凸显"稀缺性"，有一种抢购的感觉才会更珍惜。

支付年费的甲方，其间可以无限制次数的将招聘信息发给群助手来做分发和对接。在 FreeLab 里，经常会发生这样神奇的事情：一些自由职业者们（乙方）因为在群里对接到了很好的工作机会，甚至自己独立接下了一个创业项目，需要人才时再在社群里招募新的自由职业者，即群里做过乙方的自由职业者有一天会变成甲方，然后持续地吸引和招募更多新的乙方。

乙方（自由职业者们）的年费分两档：499 元 / 年和 699

元/年，两者都可以在群里对接，但不同点是后者每天对接的次数更多，可以免费参加线下活动，更适合经常在北上广深参加活动的用户。

FreeLab 群里发的工作信息会把办公内容和远程薪资讲得很详细，但没有甲方的联系方式。对这个远程工作感兴趣的会员，就可以直接私聊小助理要联系方式。每天一些"散"的工作机会，还会被整理成当天的自由工作合集定期发布在公众号上。

凯瑟琳她们还在全国各地征集了"城市合伙人"负责举办线下活动，活动的利润全部分给合伙人，她们则负责联系嘉宾和会员社群的转化。这些活动凯瑟琳甚至不用在现场都可以顺利进行，每场优质嘉宾的精彩分享就撑起整个活动。做线下活动几乎是不赚钱的，但是每场活动都能为一个品牌做好的背书和作为宣传物料。一场二十多人的活动，不仅能够在心灵上给予活动参与者抱团取暖的力量，还能够强化品牌精神，吸引到真正同频的人。

我曾经和凯瑟琳说："你们做的简直就是私域版的猎聘啊！"

或许凯瑟琳和 Doris 她们自己都不会想到，曾经不想上班的人，有一天会成为和这些甲方公司对接的合作方，甚至还帮助了更多同样不想坐班的人找到可以自由办公的工作机会，真正地帮助大家实现了工作自由。

这就是现实中非常好的热爱型商业模式，在实现梦想的同时，用这份热爱驱动产品，同时还能帮助更多人实现梦想。

案例 2　樊登读书：把读书做成一门好生意

如果说读书可以赚钱，那么樊登绝对是在这个领域里热爱变现的佼佼者。说他是最会创业的读书人，一点儿也不为过。

我们来看看一个读书产品，是如何做到年收入 10 亿的。

樊登最开始在北京交通大学当老师的时候，他发现自己的学生里有不少人都有"读书"的痛点，大家想读书但是没时间读。于是樊登就把自己读过的书做成 PPT 卖给他们，总共 50 本书，一年收 300 块，这些学生们高高兴兴地买了回去。

但后来樊登发现，很多人买了后还是不会花时间去看，怎么办呢？他没有沮丧，反而发现了用户为读书付费的意识。后来他组建了一支小团队，把 PPT 讲书优化成音频视频讲书，通过社群、短视频的裂变，樊登读书的用户从 0 到 1 万、10 万……直到现在的 4 000 万。

樊登的核心产品是讲书知识，而知识付费产品一旦制作完成，卖 1 份跟卖 1 000 份成本是一样的，边际成本为零。读书内容通过短视频的方式营销传播，一方面卖读书 APP 的年卡，另一方面收代理商的加盟费，在扩大樊登影响力的同时，又带来了大量的广告合作业务。

樊登读书的年卡收费是 365 元 / 年，APP 里还有不同作者提供的千元高阶训练营，雪山产品的定价也在上万元。樊登读书提供的服务有思维导图、纸质书、文稿、测一测、相关推荐等。用户可以拥有这个书籍的整体思维导图，看完后如果感兴趣，可以直接在页面上购买纸质书，搭配的文稿可帮助用户温习，测一测提供了书籍相关服务，相关推荐可以帮助用户筛选同款好书……这一整套流程可以帮助用户充分了解这本书。

我在听书的时候，发现很多音频内容都是当时刷爆全网的短视频内容。也就是说，樊登在录这本书的时候，其实是充分折叠了他的时间。这不仅是一个讲书音频，还是一个能二次传播的爆款视频，从而形成正向循环。

樊登曾经提过一本叫《有限与无限的游戏》的书。书里讲这世界上有两种游戏，一种是有限的游戏，一种是无限的游戏。有限游戏的玩家希望游戏早日结束，从而获得一个头衔，如冠军等；而无限游戏的玩家，希望游戏继续，他永远都在这个游戏的边缘地带，让这个游戏越来越好玩。目前樊登主要做内容创作方面的输出，而实际管理公司业务和战略的是另一位创始人吴江。显然，樊登更想做那个快乐的、没那么多烦恼的无限游戏玩家。

案例 3　热爱和网红打交道：从初中帮同学修改作文赚钱，到年入一亿的网红事业

在《小狗钱钱》一书里，吉娅因为喜欢狗狗，想到了帮邻居们遛狗每天收 1 美元的赚钱方法。她还在图书馆里打工，将书店里不要的连环画用几美元租书的方法，吸引了小区里的孩子们，边赚钱边为他们打造了一个充满想象力的书房。

当时我看到这些时，非常震撼。我就在想：如果一个孩子从小就开始在培养财商思维，那她对这个世界财富的认知将是多么的与众不同。一旦她发现一个商机，往后就会发现无数个商机。无论发生什么，她都拥有着随时可以从零开始的勇气。

我常常在想，如果再给我一次机会重返校园，我一定会在校园里创业。先在一个比较良好的环境里培养自己的赚钱思维，这样当我来到社会上时，是不是会对赚钱这件事更加从容和敏锐？

侃烃就是这样一个从小就很有财商思维的人，她的创业故事要从她的初中开始讲起。

侃烃的初中是一所私立学校，里面的学生大多家境不错。不过侃烃的学习成绩并不好，好在她非常喜欢写作，当时学校的校长每天会给同学们讲故事，然后要求学生写读后感和小作文。（这个校长有点可爱啊）

于是，在她发现班上的同学都不爱写作文后，她向同学收取 5 毛钱帮改作文。一个晚上，侃烃自己就可以把班级半数人的作文都改完，既能够帮同学们提升文笔，又能够赚一些钱，一个月能赚到几百块。

侃烃说，其实写作文也是有窍门的，核心内容就那些，修修改改就可以凑成一篇不错的文章。她虽然说得简单，但我知道这就是侃烃所具备的写作优势。

但写作并不是她最大的优势和天赋，她生来就很会赚钱。

在写作的同时，侃烃还有过一段奇特的"创业故事"。当时学校会没收学生的手机，导致很多同学没办法用手机。但是校园里需要用手机联系家人的同学们的需求很大，侃烃就在想怎么能帮助同学们解决痛点？有一天，侃烃路过一个卖手机的小摊，看着成本只要100块的廉价手机，她萌生了一个念头："我能不能在学校里做备用手机的生意？"

有了这个念头后，侃烃很快就去落实行动了。她先是从身边同学开始，然后口口相传，越来越多人找她来买备用手机。一台成本100元的手机竟侃烃定价是300元。

针对实际情况，侃烃推出了"租手机"的服务。每台手机一周的租金是15元，如果手机被老师没收的话，就买下手机支付300元。就这样，侃烃在初中的手机租赁服务做得风生水起。

时间来到侃烃18岁那年，她产生了想要拥有一台相机的念头。不过比起单纯买东西，她反而想的是："我是不是可以做个摄影师拍照赚钱？"于是她向父母要了一千块钱买了一台胶片相机，并通过在学校和互联网上接摄影订单赚取自己的生活费。上大学后她再也没找父母拿过钱。

经过四年拍摄的学习和实践，慢慢有很多人开始知道侃烃，也有很多网红都想找她付费拍照。而侃烃之所以会走上做网红经纪人的道路，和她多年的拍摄经历密不可分。

大学毕业时，侃烃已经为不下三百个人拍过照，她忽然感觉自己好像没有那么喜欢摄影这件事了。按照侃烃的说法是："我是一个热爱不超过 4 年的人。"当时，侃烃的一位好友看出了她的困惑，把她约出来谈心事，朋友对她说："我原以为你的梦想是成为一名优秀的摄影师，但看你现在这个样子，估计是不想继续做下去了。"紧接着，朋友为她做了一件非常重要的事情。

他问侃烃："你在做摄影师的这几年，最让你感到开心的点是什么？"侃烃想了想，然后坚定地回答："我很喜欢和美女打交道，喜欢站在她们的幕后做事情。"

侃烃拍过很多的美女模特，每当遇到广告合作和涉及品牌植入的部分时，她们都会询问侃烃的建议，因为她们觉得侃烃是一个非常靠谱的女孩子，问她准没错。

就在这时，侃烃意识到自己或许可以成为她们的经纪人，帮她们处理商业合作的事宜。想到这，侃烃内心的那团热情又忽然间涌上心头。她找了十个喜欢的模特，并说服她们和自己签了约。就这样，侃烃一毕业就投身在了网红博主事业上，没有在公司上过一天班。

但帮网红博主处理商务并没有那么简单，侃烃每天都要回复上百条信息，最严重的时候她患了结膜炎，每天要靠滴眼药水续命。

随着侃烃对商务工作越来越熟悉，她认为是时候要招人了。侃烃招的第一位员工其实原本是联系她想签约做网红的人，但侃烃觉得她并不适合做一个博主。不过这个女孩没有放弃，她反问侃烃："那你需要员工吗？我很喜欢你在做的事，想加入你。"这对于当时忙得焦头烂额的侃烃来说，真是一个招人的好机会啊。侃烃的这个第一号员工，在几年后也成了她 MCN 公司的合伙人之一。

侃烃说："后来那个女孩也觉得自己做商务比做博主更好，我从未遇见过比她工作更认真的合作伙伴了。"

侃烃还是一个非常注重慈善事业的人。有一年的公司年会，特等奖礼物是侃烃赞助的一所希望小学的命名权。她旗下的博主们可以每人想一个学校名，然后放在一起抽签。侃烃赞助了一所希望小学，却选择把命名权给了一位幸运的博主。

她还资助过一些年轻人完成学业，也曾带着旗下博主先后完成了"免费午餐、导盲犬计划、阅读公益、乡村小学"等公益项目。去年她将目光放在了动物保护上，今年她的计划是海洋保护项目。

采访完侃烃后，我最大的感触就是她从小就非常懂得做生意。侃烃说："我从来不做免费的事情，因为我是一个不喜欢被人麻烦的人。"但是怕麻烦的侃烃，却通过大大方方的商业变现，一路找到了自己最喜欢的事情。她创办的"摘星阁"是小红书唯一投资的 MCN 公司，旗下美女如云，如胆大王、东瓜嘀嘀、李李奉、菜盟主等知名博主，都签约了侃烃的公司。直到现在，侃烃都还会在自己的小红书账号上更新自己赚钱的思维和创业故事，每一篇我都会拜读。

侃烃从来都清楚地知道自己想要什么，要去往哪里。即使遇到卡点和瓶颈期，也毫不犹豫地迈进新的未知领域。她比普通人多的并非勇气，而是实现自我价值的强烈渴望。

我也是在采访完侃烃后，萌生了能在自己 30 岁建立 15 万梦想基金会的想法，帮助有梦想的年轻人打造出一个自己的代表作。正是因为我看到了侃烃对公益和商业的双向投入，为她带来了生活和心灵上真正的丰盈。而这样的状态也是我希望自己未来可以做到的，侃烃是我成长路上收集到的一个重要的人生样本。

案例 4　热爱房车旅行：边摆摊边开房车环游世界的旅行商人

电影《当幸福来敲门》里有句台词："如果你有梦想的话，就要去捍卫它。"面对梦想，有的人放弃了，而有的人一直捍卫着。

我有一个朋友叫杨莅童，是自由公路的创始人。他是我见过的把旅行和创业结合得最有创意的人。因为从小受到同样喜欢房车的父亲的影响，杨莅童 8 岁时就跟着父亲自驾横穿中国。小时候，杨莅童对父亲的印象就是"别人家的爸爸去学校接孩子都是西装革履的，而老杨永远穿着机车夹克、披头散发的，开着越野车就来了"。

2016 年，年仅 23 岁的杨苉童萌生了想要独自背包旅行的想法。但他不想向父母伸手要旅费，于是他萌生了一个有趣的想法：众筹。

他把自己众筹旅行的想法发布在了一个叫"开始众筹吧"的平台上，众筹的形式从买一份 20 元的三明治、100 元的 T 恤、600 元的纪念品盲盒、3 900 元的 7 天旅游名额，到最高客单价 2 万元的 2 个月随行旅游加三明治生意 5% 的分成。

最后杨苉童边众筹边旅行，一共有 1 291 个朋友和陌生人支持了他的梦想，他用了半年时间在路上边旅行边赚了 16 万人民币。这是他在旅途中用热爱赚到的第一桶金。

旅途归来的杨苉童重返生活后，陷入了对未来的迷茫。后来他从济南跑到珠海"投靠"已经在淇澳岛定居的父亲，在岛上租了一间小院做工作室，成为一名自由设计师。他平时通过网上接些单子，或者帮家里打理民宿生意。这样悠闲的生活维持了一年多，直到他看到一部电影《落魄大厨》，唤醒了他那颗躁动不安的心。

电影主人公是个失去了餐厅工作机会的大厨，最终通过经营一辆移动餐车找回了人生乐趣和希望。杨苉童想，为何不借鉴这个大厨的方式，通过"三明治＋旅行"来实现一直"在路上"的生活状态呢？那一刻，他找到了自己的人生样本，于是他展开了行动。

此后，杨苉童开始了一系列房车纪录片创作。2016—

2019 年，他用了 4 年的时间创作了五季环游世界的房车旅行纪录片，足迹跨越了 80 多个国家。他还成为世界上第一个从中国开房车去冰岛的人。

在第二季的《穿越大半个地球去摆摊》房车纪录片里，他边开房车边卖国内外的特色产品，把中国的礼物带给世界，又把世界的礼物带回来。10 平方米移动的"家"里，却装满了整个世界。渐渐地，他把自己边旅行边创业的身份定位成了一名"旅行商人"。

杨莅童不仅通过拍视频成为一名优质的影像创作者，还出售各类产品。他的热爱型商业模式的收入主要是广告收入、在路途中向 C 端卖三明治以及卖设计师文创产品的收入。他的雪山产品是和房车厂牌合作，可以为高端客户提供买房车和改造的服务。杨莅童还做了自己的房车 MCN 俱乐部，召集了几百位同样热爱房车生活方式的同盟伙伴，当地政府会给一笔活动预算支持他们做集市活动。

杨莅童说："我已经不遗余力地做了我能做的事情，这一生没有遗憾了。"

2021 年，他开启了新栏目的创作。这次他要挑战《80 天冰淇淋房车赚到 100 万》的计划，开着一辆冰淇淋房车穿越中国的各个城市和景区，连草莓音乐节都有他的身影。杨莅童这一次开的是一辆自己改造的冰淇淋房车，房车上贴满了自己这几年开房车创业环游世界的照片，还有一小台电视轮番播放往期的纪录片。所有好奇的客人都可以通过房车上的二维码链接到他，他的用户群也越来越大。

我一直在关注着杨莅童，他的故事让我想起自己曾经在书里读到过的一句话，来自一位畅销书作家写书后他希望做的事，这段话是我未来梦想中的样子："一本畅销书最佳的销售时间是三个月，这三个月我开着一辆房车，在车上贴满了这本书的宣传海报。我开着这辆车在不同的路上生活了三个月，到不同的城市做宣讲会，最后再回家。"

杨莅童和他的房车创业故事告诉我们："只要你知道自己喜欢什么样的生活方式，你就一定能够实现它。如果还没有实现，只能说明你还没有那么想做这件事。"

2017年，一直陪伴杨莅童的女朋友白白，在旅途中也从女朋友的身份升级成了妻子。他们在2020年的国庆节当天，迎来了自己的第一个孩子。目前杨莅童定居在大理，和他的家人幸福地生活在一起。他的房车创业旅行还在继续，在他女儿一周岁的时候，杨莅童做了一集5分钟的短视频，讲述了他心爱的女儿还没出生之前，她的爸爸妈妈是怎么带着对彼此的爱意收集世界的故事。后来女儿出生后，他们继续带着女儿一起上路，途经中国的腾格里沙漠，走进南疆的奇妙异域，经历着很多成年人梦想中的生活。

我第一次听到杨莅童的故事就是在我和朋友做的云环游世界项目里，童哥是我们邀请的嘉宾之一。当时，在其他嘉宾都只是分享自己旅途见闻的时候，童哥却大大方方地和我们分享了自己边赚钱边环游世界的方法。我当时眼前一亮，深深地被他热爱变现的商业思维所吸引，我从他的变现里学到了很多。

　　一个真正知道自己要去往哪里的人，他会想尽办法实现自己的梦想。

　　最后和大家分享一个真实故事，真的让我感受到什么叫"认知决定人生"。在看到这个人生样本之前，我从来没想过中国的孩子可以在国外免费上学并且童年会过得无比快乐。

　　有一个博主叫"二胎乔爸在芬兰"，他们一家人不想在国内继续被卷，于是放弃了国内 800 万的学区房，选择环球旅行找人生的答案。最后他们定居在芬兰，小孩在芬兰的一所当地小学上学。定居芬兰是因为这里从小学到高中的教育都是免费的。之前孩子还在泰国的幼儿园读过书，每天学习插秧、做手工、田间找蝴蝶，和大自然做朋友。

　　如今，乔爸爸做起了摄影师，妈妈写公众号，他们一起创业做了一个生活电商平台，卖母婴和家庭旅行用品。他们还利用自己的经验，为客户提供小孩读书的咨询服务，真正实现了边旅行、边生活、边工作的状态。他们也找到了自己的热爱型商业模式。

　　就像这个博主曾说的一段话：改变这个事真的挺奇妙的。当你原地不动的时候，你的人生仿佛是一眼就能看完所有的剧本；但是当你做出一点点改变的时候，你的人生故事就充满了无限可能。

世上没有真正的绝境，只有对困境产生绝望的心。我真心希望这本书能够帮助读者找到自己真正的热爱，并将这份热爱打造成自己喜欢的事业。请相信你的热爱不是没有价值，它只是尚未找到可以释放价值的商业模式。这个世界上不是所有人都能找到自己的热爱，你是幸运的。千万不要放弃你的梦想。

如果你按照这本书的 5 个步骤找到了自己的热爱型商业模式，欢迎你随时告诉我你被热爱点亮的人生故事。我很想听听，你的那扇人生之门的背后是怎样一个精彩的世界。

祝福你，能在生命的长河里实现自己。

第二部分

公子伊的互动问答

这一章节，我收集了关于"热爱型商业模式"里我的读者们最常问的几个问题，希望对有同样疑惑的你有所帮助。谢谢读者们提问刺激我多元维度的商业思考，让我能传递更多热爱变现的创意思维！

　　当你找到了自己真正要做的那件事时，你会感到所有时间都按照它正确的方向流动了，你知道自己要去哪儿，要做什么。心里有地图的人，翻山越岭也走得无比坚定。因为那时，你的人生已经完全被点亮了。

第 6 章

传递更多"热爱变现"的创意思维

看完了这本书的第一部分，你现在还面临下面的问题吗？

（1）无法确定自己真正的热爱是什么？

（2）不知道怎么用这份热爱赚钱和用热爱构建自己的个人事业？

这里，我收集了几个读者们最常问的关于热爱型商业模式的问题，希望对有同样疑惑的你有所帮助。当然，如果你还有其他的关于热爱变现的困惑，欢迎将问题发送到我的公众号后台向我提问，或者找我做一对一的商业咨询。

谢谢读者们的提问，刺激了我多元维度的商业思考，让我能传递更多热爱变现的创意思维！

6.1　真正的热爱

6.1.1　我要怎么知道自己的热爱是能产生价值的？

公子伊：收集你喜欢的人生样本。

这部分可以重点回顾第一章关于人生样本的内容。你可以看看你的这份热爱在这个世界上有没有人已经成功甚至成为个人事业，这意味着拥有同样热爱的人他们已经成功变现了，也意味着这份热爱是有市场价值的，已经有客户愿意为之买单。

此外，你还可以在开发出热爱型产品后，先投放给你身边有这个需求的朋友试用，积极询问他的建议并反复迭代复盘，直到将之打磨成一个真正有市场价值的好产品。

跟大家分享一个好用的产品分析工具——竞品分析（见表 6-1）。

表 6-1　竞品分析

王牌产品	核心 竞争力	吸引 我的点	传播媒体 平台	预估 流水／月

我的优势	
我的不足	

之前有一些学员我咨询的时候，他们总是希望自己的商业想法是独一无二，最好这个世界上没有人做过。但我认为这样反而有点危险，一个没有任何人构思过的商业想法，

社会上真的会有这样的需求吗？如果有相似或者部分相似的项目，我们反而可以大胆地研究它们，分析共性和自己的核心竞争力是在哪里。

6.1.2 如何确定自己到底想不想通过热爱赚钱或者成为终身事业?

公子伊：想象一下未来的自己在做这件事的样子是不是自己理想中的状态。

我非常喜欢这个问题，因为我也曾经经历过这个阶段。在创作《一百种生活》的这 4 年期间，我一直以为这就是我的终身事业，但后来我发现这件事不可规模化且交付太重。在我明确了自己"不想做一个旅游公司"后，我迅速把《一百种生活》定位成个人的喜好和代表作，而非个人终身事业。

做森林小屋也是如此，我喜欢社交和听故事，但我幻想了一下自己未来一直在做这件事的样子，不是我希望成为的模样。然后我发现自己也不希望做一家"提供社交或空间服务的公司"。

所以这里有个很重要的点就在于，当我们罗列出自己的热爱后，要先进行"用热爱赚到第一桶金"的阶段变现，并及时为第一次的变现做复盘迭代。仔细思考"这套模式还可以如何设计金字塔模型？这样的商业模式是否是我真正喜欢并且从事一生的?"，你的内心会告诉你真正的答案。

你甚至可以和不同领域的朋友交流，听听他们的想法，让他们帮你出出主意。也可以找一位你喜欢的商业咨询师做你的顾问，为你在热爱变现的这条路上保驾护航。

6.1.3 先热爱还是先变现？

公子伊：我强烈建议你按照我的热爱型商业模式的五步法走，这也是我要写这本书很重要的原因。

一定是先明确自己的热爱，然后再去通过第一次变现来验证这份热爱的市场价值。如果一个人没有想清楚自己的定位和王牌产品，那么他做的事情在没有起色或者做的过程中就会感觉自己被"不断地内耗"。所以，我建议大家按照自我意识的觉醒—明确真正的热爱—用热爱赚到第一桶金—打造你的代表作—商业闭环这 5 个步骤来落实和执行自己的热爱型商业模式。

再回到这个问题上，那就是先热爱。因为当你明确自己真正的热爱后，再根据自己的商业定位和热爱设计核心产品，就是给自己插上了一对可以飞翔的翅膀，而究竟你能飞一米高还是十米百米高，就取决于你后续商业模式的闭环设计了。而那些先变现却不去想核心热爱的人，很有可能飞到一半就折翼了，因为他们失去了方向。

6.1.4 把热爱的事情变成工作，会不会不好？

公子伊：每件事都有优缺点，而你究竟希望自己成为什么样子，只有你自己知道。

　　如果你担心自己的热爱变成工作会影响这份热爱，很可能是这份热爱被放错了位置。你可以再分析分析做这件事让你快乐的点是什么？在热爱变现的赚钱过程里，什么是你能接受和不能接受的？如果有让你觉得不舒服或者不快乐的点，是什么？想象一下自己未来5年的样子，如果做到了这个程度，是否是你理想的状态？

6.2　热爱与变现

6.2.1　我有个朋友喜欢画画，但是她的画作一直没有很好的变现，有什么方法吗？

　　公子伊：画画的变现的方式有几种，我们可以用第五步里的热爱变现图来归纳。

　　如：

　　画画＋家具＝家居装饰品；

　　画画＋笔记本＝文创品（有好看封面的笔记本）；

　　画画＋故事＝一个有故事的艺术品。

　　我常常到创意集市里去看艺术家的热爱变现产品，在那里我总能获得很多热爱变现的商业灵感。之前我就遇到过一个画画的艺术家，她知道画画创作是一条艰难变现的道路。在自己的画作真正值钱之前，她选择把自己的画收纳成一系列的自然风光栏目，然后每一张自然画作（海上的月亮、窗边的太阳、田野间的夕阳等）都复刻打印了出来，用一个极简的木框裱起来，变成一幅可以购买的家居装饰品。

这些家居装饰品让她的画在用户的生活中有了价值，并且还能让自己的作品被可复制规模化生产。她的画同样还可以定制成文创 T 恤、墙纸、壁画、杯子等。所以不要担心你的画没有商业价值，如果你真的觉得自己的作品是有价值的，一定可以想到热爱变现的方法。

你的画只要找到了自己适合的商业位置，同样可以变现。如果一直没有合适的变现方法，可以思考是不是自己没有对外宣传过自己的画，没有被更多人看见。大多数人都愿意为一个好故事买单，一个好的作品会得到它应有的商业价值回报。

6.2.2　我很喜欢读书和看电影，但我不知道这种很文艺的爱好可以怎么变现？

公子伊：找到你的细分领域，把你阅读和观影的这部分知识精华分享出去。

列出你看过的最喜欢的一些书单和影单，分析这些书影内容的共性是什么。如我非常喜欢看电影，但后来随着我明确了自己对热爱变现的财商思维非常感兴趣后，我回头再复盘，发现自己看过的电影里最让我印象深刻的大部分都是那些创业类的励志电影，还有一部分书影是关于找到真正的热爱。所以后来我对外分享的书影单几乎都是聚焦热爱变现的商业故事。

之所以要聚焦一些书影单，就是因为这个世界的书影库存太大了，我们需要细分出自己真正感兴趣并热爱的那部分内容，用这个部分来吸引自己的同频铁杆粉丝。

当你找到自己的细分领域后，可以先从私域做起，策划组织一个读书 / 观影系列付费活动，邀请对这一本书或这部电影感兴趣的观众来深度参与解读和观影。还可以设置年度会员，先打造出你的王牌产品后，再针对这部分的核心价值做商业模式的闭环设计。

6.2.3　我很热爱文字，自己平时就喜欢写写东西，但我要如何从 0 到 1 设计我的热爱型商业模式呢？

公子伊：我有很多学员咨询过类似的问题，但我很想说，文字只是你输出价值的某个载体，核心是你为什么热爱它。文字是一个美妙的载体，你的核心价值是你写的内容能给用户带来什么。

1）挖掘核心价值，聚焦吸粉领域

写下你之前写过的热爱文字的部分（如人物访谈应重点聚焦哪个部分，以及一些实现梦想的人或者找到自己热爱的人的故事）

2）画出你的"热爱变现圈"

思考文字的载体可以通过哪些方式变现，用户的需求是什么。如"文字＋美食"可以解决用户探店踩雷的问题，"文字＋人物专访"可以帮一些创始人做正面宣传，"文字＋旅行"可以解决用户旅行攻略问题……类似这样的组合，可以更快帮助你找到自己可以变现的路径。

3）列出你理想的人生榜样清单

想想有谁的状态是你理想中的未来模样，他是怎么做到的？去拆解他的热爱型商业模式，你还可以分析可取和不可取的部分，最终设计出符合自己人设定位的王牌产品。

关于文字变现的部分，读者们也可以参考第3章的第一桶金思维里，找到作家李欣频在写书成名之前为房地产公司写商业文案的故事。当你没办法全职支撑起自己的个人事业之前，我同样建议大家可以在职场中找到能和自己这部分热爱相结合的位置。

6.2.4　如果有人和你在做的事很像，怎么办？

很长一段时间我也被这样的问题困扰，总希望自己做的事是独一无二的，一旦发现有其他人也在做类似的事，就可能会丧失奋斗的动力。这个问题我问过一位朋友："如果发现有人和自己做的事很相似，我该如何平静地继续做事呢？"朋友用了一句很短的话回答我，这个答案的"药效"至今都在：

"取其精华，去其糟粕呗。"我醍醐灌顶！

6.3　对未来的规划

小伊你对自己未来的规划是什么？

公子伊：我未来的规划很简单也很重要。我希望近5年时间能帮助1 000个有梦想的学员，打造出适合他们发展的热爱型商业模式。1 000 个人有 1 000 个梦想,有 1 000 个能够热爱变现的金点子。如果后面发展稳定,我同样也想培养一些对"热爱变现"财商思维敏锐的用户,启动学徒制的方式来培养更多优秀的商业导师。

当你找到了自己真正要做的那件事,你会感到所有时间都按照它正确的方向流动了。你知道自己要去哪儿,要做什么。心里有地图的人,翻山越岭也走得无比坚定。因为那时,你的人生已经完全被点亮了。

附录

附录 1

启发"热爱型商业模式"的书影单

附 1.1 推荐书单

《小狗钱钱》博多·舍费尔

推荐理由：一本启发我财商思维的好书

作为引导孩子正确认识财富、创造财富的"金钱童话"的财商启蒙读物，同时也启发和影响了成千上万的成年读者。

吉娅是一个普通的 12 岁小女孩，一次偶然的机会救助了一只受伤的小狗，并给它取名叫"钱钱"。没想到，钱钱居然是一位深藏不露的理财高手，它的到来改变了吉娅一家人的命运⋯⋯"欧洲理财大师"博多·舍费尔用生动的理财童话，教会你如何从小支配金钱，而不是受金钱的支配；如何像富人那样思考，正确地认识和使用金钱；如何进行理财投资，找到积累资产的方法，早日实现财务自由。

作者博多·舍费尔是位畅销书作家，在获得财务自由之前也曾经历过长期的奋斗。他 16 岁时远赴美国求学，高中毕业后进入大学主修法律，之后在不同公司中担任各种重要职务。26 岁时博多陷入严重的个人财务危机，凭借坚强的意志和正确的投资理念，他最终摆脱了债务，获得了成功。

博多决心把他的理财知识传播给更多的人，于是写下了《小狗钱钱》这本书。他的这本书被翻译成十几种语言在全球各地广为传播，创下了 110 周稳居德国图书排行榜首位的记录。他每年在欧洲各地的巡回演讲吸引数十万人热情参与。

《与全世界做生意》柯纳·伍德曼

推荐理由：一个经济学家的环球冒险

混迹金融界多年，在看够虚拟数字和被裁员后，柯纳希望能亲身体验活生生的世界贸易。于是他卖掉房子，放弃了高薪工作与城市生活。怀揣着 2.5 万英镑，他从摩洛哥的马拉喀什出发，在苏丹参与骆驼交易，用赞比亚咖啡换南非红酒，把辣椒卖给印度人，到中亚当马贩子，在丝绸之路押宝和田玉，到巴西伐木头……他用最古老的方式做生意，与最厉害的商贩杀价，时而亏得一塌糊涂，时而赚得盆满钵满。5 个月后，他奇迹般地穿越金融风暴，赚到了 5 万英镑，同时也收获了不少宝贵的生意经与满坑满谷的好玩故事。

而这场本为逐利开启的旅程，越接近尾声，越让人领悟到生活的真相……这是一场史无前例、新鲜有趣的"环球买卖之旅"。作者带领我们见识了世界上一个个生机盎然的市场，分享做生意的各种秘诀，体验经济背后纷繁复杂的人类故事。

《让天赋自由》肯·罗宾逊

推荐理由：走进那些梦想成真的心流故事

TED 播放量第一的演说家肯·罗宾逊，耗时几年在全世界收集了那些通过自己的天赋最终实现梦想人生的真实故事，并把这些故事写成了《让天赋自由》。这本书包含了各种各样的逸闻趣事，有不同人士的不同人生经历：从保罗·麦卡特尼到《辛普森一家》的创作者麦特·格罗宁，从梅格·瑞恩到列侬，从著名作家阿丽安娜·哈芬顿到有名的物理学家理查德·费曼。

读完这本书你就会发现，那些一流的成功人士最值得你我艳羡的，是他们找到了真实的自我。这本书教会我们如何可以激发自己最大的潜能，从而实现自己真正的价值。

《第三道门》亚历克斯·班纳言

推荐理由：原来这个世界上还有第三道门

作者通过赢了一档节目拿到了 16 000 美元，这笔钱就是他的创业资金，于是他开始了一连串有趣生动的采访名人的故事。

《第三道门》将读者带入一场非同寻常的冒险：从比尔·盖茨的会客厅、陆奇的办公室、沃伦·巴菲特的股东大会，到杂货店里追逐拉里·金，再到为 Lady Gaga 出谋划策……

亚历克斯·班纳言讲述自己如何从大学宿舍出发,去追寻各行业的成功人士,探索他们在事业起步阶段,为实现梦想是如何另辟蹊径、突破自我的。

在与比尔·盖茨、陆奇、玛雅·安吉洛、史蒂夫·沃兹尼亚克、简·古多尔、拉里·金、杰西卡·阿尔巴、蒂姆·费里斯、昆西·琼斯等人进行了精彩的一对一采访后,班纳言发现他们有一个共同点——他们都选择了"第三道门"。

美满的生活,腾飞的事业,辉煌的成就……想要得到这些,其路径和进入一家俱乐部是一样的。我们面前往往有三道门。

第一道门是正门,99%的人都选择在这里排队,等待进入。第二道门是贵宾入口,亿万富翁、社会名流从这里悄悄地进入。然而很少有人知道,还有第三道门。要进入这道门,你必须摆脱既定路线,沿着小巷一路探索,一遍又一遍地敲门询问,甚至要砸碎玻璃,从厨房溜进去……总之,走这道门就要另辟蹊径。

无论是比尔·盖茨销售出第一款软件时,还是斯蒂文·斯皮尔伯格成为好莱坞成功的电影导演时,他们走的全都是第三道门。

《十四堂人生创意课》李欣频

推荐理由:因为读了这本书,我踏上了寻找热爱的真我道路本书脱胎于作者在教授广告创意课时的笔记。在授课时，李欣频认为不需事先准备具体的教程，因为世事变化太快，每周都会有新的教材出现。

于是她在每周的广告文案课里，她以当周世界上发生的重大事件为每次上课的开头，根据自己的体会和心得，开始了她的教学。这样 14 堂课下来，她以电影、旅行、观察、阅读、情报、演练、想象、梦、自信、生命与危机意识为主题，架构出一部横跨书写、影像、广告、设计，丰盛且庞大的个人创意系统。

《五种时间》王潇

推荐理由：把时间分为五类后重建人生秩序

作者率先把时间分为五种：生存时间、赚钱时间、好看时间、好玩时间和心流时间。在提出一个有趣的概念后，巧妙地结合了自己的文创事业帮助用户管理时间。

这本书从五种时间的分类概念出发，讲述在智能时代的多场景下人如何重新觉知和应用时间，帮助人们获得一种独特的"五种时间"方法论。每当你面对选择的时刻，可以来翻开这本书，对照你的分类，回顾书中填写过的表格和答卷，再次重建人生的秩序。

《只工作不上班》林安

推荐理由：走进不上班的自由工作者们的人生

在本书中，作者林安以"都市青年观察者"的身份深度采访了 20 位自由职业者，以感性、细腻但又不失洞察力的笔触将 20 位自由职业者"非常态"的工作、生活方式展现在读者面前。

林安还开启了《100 个不上班的人》人物访谈系列，用文字和视频带领读者走进 100 种不上班的自由人生。

《商业模式新生代·个人篇》蒂姆·克拉克

推荐理由：用一张画布重塑你的职业生涯

这本书摒弃了通常职业规划图书的文字说教，保持了图文并茂的风格，结合商业模式画布，用可视化系统思维的视角一步步帮你搞清楚自己现有的经营模式，设计出能为个人所创新的商业模式，工具实操性很强。

本书不仅能够帮你规划职业方向，还能结合你的优势设计出个人商业模式。

《纳瓦尔宝典》埃里克·乔根森

推荐理由：这是一串关于掌握财富和美好人生的金钱密码

在过去十年里，纳瓦尔通过推特、博客和播客等方式分享了他的人生智慧和幸福哲学，以及如何不靠运气取得成功、如何利用专长和杠杆获得财富等内容。他的分享在网络上掀起了讨论热潮，受到大量网友的热爱和追捧。

纳瓦尔不仅告诉了我们怎样致富，还告诉了我们怎样看待人生，怎样获得幸福。他对财富、人生的思考将帮助你走上自己独特的人生道路，过上更富有、更幸福的生活。

作者埃里克·乔根森在 2011 年加入 Zaarly 创始团队，其商业博客 Evergreen 粉丝超过百万。他作为陌生人收集和整理了纳瓦尔发表于 Twitter 等自媒体平台的文章、语录，汇编成《纳瓦尔宝典》，在征求了纳瓦尔的首肯后正式出版。

附 1.2　推荐影单

《印度合伙人》

推荐理由：遇到一个好的合伙人究竟有多么重要

这部电影是根据印度草根企业家阿鲁纳恰拉姆、穆鲁加南萨姆真实事迹改编而成的。因为卫生巾关税高昂，在 2012 年印度仍有 80% 以上的女性在生理期无法使用卫生用品。初中文化程度的主人公拉克希米为了妻子的健康，寻找低成本的卫生巾的生产方法，却被全村人视为变态、疯子。最后他远走大城市德里，遇到了生命中最重要的美女合伙人帕里，最终发明了低成本卫生巾生产机器，并开放专利，为印度全国对女性经期卫生观念带来了变革。

《一点就到家》

推荐理由：这是一个很接地气的回乡创业故事

该片立足于"走回来",与日前形势不谋而合。电影讲述三个性格迥异的年轻人从大城市回到云南千年古寨,机缘巧合下合伙做电商,与古寨"格格不入"的他们用真诚改变了所有人,开启了一段纯真且荒诞的创业旅程。

《富豪谷底大翻身》

推荐理由:从头开始的真实致富故事,每一个环节都会给人财商启发

这个故事讲的是一位 55 岁的美国亿万富豪,为了证明普通人依然可以实现自己的美国梦,他独自一人改名换姓,凭借 100 美元、一部没有联系人的手机和一辆二手皮卡去一个陌生的城市创业。90 天里,挑战从 100 美金到创造价值 100 万美金的公司。如果完成不了的话,他就自己拿出 100 万美元来投资这家公司。

《心灵奇旅》

推荐理由:一部把心流世界描绘得淋漓尽致的好电影

究竟是什么塑造了真正的你?乔伊·高纳这位中学音乐老师,获得了梦寐以求的机会——在纽约最好的爵士俱乐部演奏,但一个小失误把他从纽约的街道带到了一个奇幻的地方。

在那里,灵魂们获得培训,在前往地球之前他们将获得个性特点和兴趣。决心要回到地球生活的乔伊认识了一个早

熟的灵魂二十二,二十二一直找不到自己对于人类生活的兴趣。随着乔伊不断试图向二十二展示生命的精彩之处,他也将领悟一些人生终极问题的答案。

《失控玩家》

推荐理由：每一个小人物都是自己世界里的大主角

这部电影刻画了一个小人物的角色,讲述了他如何在自己的世界里成为英雄的故事。

银行出纳员盖发现自己其实是开放世界电子游戏中的背景角色,于是决定成为英雄,并改写自己的故事。在一个没有限制的世界里,他决心以自己的方式拯救他的世界,以免为时过晚。

《野性的呼唤》

推荐理由：当你感到迷茫的时候,可以通过电影里反复出现的"狼王"(其实就是"高我")找回自己的状态

住在米勒法官家的狗巴克,每天都过着幸福的生活。但有一天,他被法官的园丁偷走,辗转卖给了到阿拉斯加淘金的人群。残酷的驯服过程,棍棒和犬牙的自然法则,恶劣的环境,不仅让他属于荒野的本性一点点地回归,更造就了他坚强的意志,不懈的追求,同时也教会了他如何从一个弱者变成绝对的强者。

最终,在巴克所爱的主人遭遇不幸后,它再也按捺不住

那份属于丛林的情愫，走向了荒野，响应了野性的呼唤，凭借它训练出来的卓越本领成了一个真正的丛林之王。

最　后

这世界有那么多的书籍和电影，如果你找到了自己喜欢的，其实就是筛选它们进入了你的世界。当你用自己的方式记录它们时，也是二次筛选了这些被选中的书和电影，它们最终也变成了你自己的"特殊素材"。

附录 2

献给我的灵魂伴侣林 Sir

人这一生有两件事马虎不得：一是找对伴侣，二是找对事业。因为当太阳升起时要投身事业，而太阳落山时要拥抱爱人。我都找到了。这本书的最后，我想跟大家讲一个真实的爱情故事。

我的初恋：暗恋四年，在一起三年，分手五年后重新相爱

11 年前，在我还读初二的时候偷偷暗恋着班里的一个男孩，这段暗恋持续了整整四年。

他一米八几，高高帅帅，笑起来很阳光。都说暗恋会让一个人变得自卑，我最自卑的时候就是暗恋他的时候。有一回上体育课，他跑在我的前面，影子离我很近，我就偷偷伸手去碰他的影子，又满足又心动。那天黄昏，我就这样默默跟在他身后跑着。当时他脚上穿着一双白色的运动鞋，从那以后我每一双鞋都是白色的。

他很高冷，从来都不跟我打招呼，每次都像不认识我一

样。我每每从他身边经过时，都很难过。回来就自己偷偷在日记本里写道："今天又遇到你了，真希望你有天能和我打声招呼……"

初中毕业时，我以为自己再也不会见到他了。没想到命运戏剧性地把我们安排在了同一所高中，还是同一班级。于是我的暗恋从初二持续到高二，整整四年。直到有一天，学校社团要排一个小品。

我和他都成了排练的角色之一。当时有 6 个人，我们约定每周五晚上都到其中一个男孩子的家里排练。那时候我每周最期待的事情，就是等周五的最后一堂课结束，然后晚上和朋友们一起去他家排练。

一来一往的排练，想不熟悉起来都不行。短短三个月，我们的距离越来越近。他会开始和我打招呼，会和我说话，有时候还会因为我讲的一个段子而笑起来……那个时候的我，感觉世界充满了阳光。

莫名地我们之间忽然有了一点暧昧的感觉，并且发生了很多有趣的事情。那段经历简直像电影的剧情一样精彩，以至于我每每翻开当时的日记都觉得最好的小说家也写不出这样的剧情来。

五月的某一天，下着雨。我和他共同撑着一把伞，走在学校对面停车的小巷子里。那时候我已经被这种琢磨不清的感情弄得心神不宁，于是那一天我决定鼓起勇气告诉他我的心思。但是我太紧张了。我边笑边捂脸，看着他的脸那一番话支支吾吾了好久才说出来。

"我想告诉你一件事。"我们四目相对，我紧张极了。

没等我说完，他忽然靠近我，很自然地把手搭在我的肩上，在我耳边轻轻说了一句："我已经知道了。"

那是我们在一起的第一天。我暗恋了四年的男神，竟然变成了我的初恋。

你暗恋很久的人也喜欢你，当下除了不可思议的惊喜之外，真的只想哭。四年了，就像梦一样。以前在我日记本里都快被写烂了的"我好想你"的男孩，有一天也会对我说："我好想你。"

他成绩一直比我好很多，高考填志愿的时候，为了能和我上同一所大学，他降了 100 多分进了我们约定的南广，而我差了 3 分来了上海。命运就这样残忍地把他一个人留在了那座没有我的、陌生的城市。

那时候，我们两个对未来都很迷茫。在他身边，我无法完全去寻找真正的自己。于是在一起三年后，我们分手了。

每一场恋爱都应该好好开始，哪怕结束也要认真结束。那天，我打电话给他："咱们来场分手约会吧！"他很难过，却不得不配合我的奇葩行为。那一天，我们一起看了场马戏团表演，在家乡岛上唯一的电影院门口的长凳上流泪告别。

这一别就是五年，期间我们再也没有联系。

后来在没有他的时间里，我去了台湾的大学做了半年的交换生，在上海体验了职场朝九晚五的生活后发现并不适合我，于是意外拿到一笔天使投资，3次创业，边环游世界边拍摄《一百种生活》纪录片，做了28场全国分享会，慢慢积攒了一些自己的影响力。在这个过程里，我找到了热爱和真正的自己。

这五年里，我过得真的非常充实，每一分一秒都是为自己而活。但每当夜幕降临，又觉得内心深处哪里空了一块似的，说不出的寂静。每当我有这种感觉时，我就会很想念那个分手的长廊。以至于每次过年回到家乡，我都会去坐上一坐，年年如此。我想起那一夜分手的场景：我们拥抱后，两个人往相反的方向离开。他朝左边走，我往右边走，隐约能听见他啜泣的声音……回忆真是好东西，总能让我无限重返时光。

分手的五年里，我常常在做同一个梦。每当我在现实中感到压力很大的时候，他就会在梦里拉着我狂奔。我们穿越地下隧道，翻山越岭，奔跑在城市和田野里，像永远没有尽头一样。每次醒来的时候，我的压力和烦恼就都消失了。梦里他治愈了我很多次。

后来我听到了这么一句话："如果对方足够想念你，那他就可以抵达你的梦境。"

五年后，在2021年的3月30日这天晚上，我忽然接到一个陌生的电话，当那熟悉而又遥远的声音在我耳边再一次响起时，我感觉自己内心深处的空白忽然被填上了，那种感觉和我在外面所体验的美好都不一样。他说从来没有忘记过我，我很感动，但我总觉得我们的爱情要是停在以前就好了。

那天晚上我说了决绝的话，让他不要再打电话过来。我的心凉了下来，抬头对着天空说："30 岁的小伊，你以后会不会怪我今天的决定。"结果当天晚上，我竟然梦见和他结婚了。

我是一个从 18 岁就开始记录下每一个梦境并且会自我分析"梦境启发"的人，我觉得这是命运给我的暗示。但我还不敢下决定，我开始犹豫。那天傍晚，我正准备关上房门的时候，忽然有一阵风从窗台上莫名地吹了进来，温柔地拂过我的面庞。当时我的手还落在门把上，望出了神，那阵风仿佛在我耳边说："去找他吧"

后来我们加回了微信。

五年后，我们的"身份互换"。他变成了曾经那个痴迷的我，我变成了当初那个高冷的他。他很激动，每天时不时就找我说话。那时候我怕有情绪波动影响工作，就规定只能在每周五的晚上，他才能给我打电话，而且要用他以前思念我时写的一页日记内容来交换。这么苛刻的要求，他竟然全都照做了，小心翼翼地，生怕我再一次离开。

当初培养感情的每周五的小品排练，像极了现在每周五的一通电话。我不禁感慨起命运的捉弄，好像一定要各自公平一次才可以。

5 月，我结束了《一百种生活》第二季的拍摄工作，准备去大理"闭关"一段时间。就在这时，我忽然冒出了一个想法。我打电话和他说："我们在大理见一面吧。"

他来见我的第一天，还要闯过重重关卡才能找到我。他要先到住宿的房东那拿到一张任务卡，然后到上面的地址买一束花。花店老板会再给一张任务卡，最后告诉他我在哪里。结果他紧张了一整天，竟然错过了自己的航班，又在机场慌慌张张地重订了一张票……最后他完成任务找到我时，已经是大理的晚霞时分了。

那天我在洱海边的一棵树下等他。

"我正在经历着我这一生可能就只会遇到这一次的事情。"我这样告诉我自己。傍晚时分，他远远地走在最后一抹晚霞里，我已认不清他的身形了。只看见一个男人手捧着一大束花缓缓朝我走来，最后站在了我面前。

这是我们分手五年后的第一次见面。

故事讲到这里的时候，我的眼眶又不由自主地湿润了。在我们各自以为要完全消失在对方生命里的时候，命运又把我们安排在一起。当初的女孩找到了真正的自己，而那个男孩也长成了成熟的模样。我们又一次坠入了爱河。

人生需要有一段这样充满力量的时光。

我们在大理无忧无虑地谈了 10 天的恋爱，这期间的种种都让我觉得 24 岁的彼此似乎比 18 岁的时候更适合对方。每次我们说到"五年前"这三个字时，我就会停下来四处张望："我们身边确定没有摄像头吗？每次讲到五年前这感觉在拍电影!"然后两个人哈哈大笑起来。

有一回,我们在大理的酒吧喝酒。趁着微醺,我说:"我可以给你一个机会,问我这五年里你最想问的问题。"我以为他会问我这五年的情史,但是他把这唯一的机会拿来认真地问我:"你会嫁给我吗?"

我当时睁大了眼睛看着他,那一刻久久说不出话来。

还有一天晚上,我迷迷糊糊地问他:"如果你早知道会经历这么多痛苦,你会不会后悔当初对我心动?"

他半睡半醒中回答着我:"不后悔。"我一下子就醒了,想起自己这五年活得那么潇洒快乐,他却自己孤独了那么久,我的眼泪忽然像止不住的水龙头一样哗啦啦流了下来。那天晚上,我们抱在一起哭,互相帮对方擦眼泪,我还一个劲地说对不起。

我在大理的时候才知道,他的支付密码一直都是我的生日,从在一起到现在,甚至在分手的五年里,他都没有改过;他手机里有一个相册,里面偷偷收集着我发布在网上的所有照片;他打篮球的队服一直是 10 号,只因为有天我说自己最喜欢的数字是 10……

有一回,我忘了我们因为什么在笑,但那一天真的笑得很开心,笑着笑着忽然他停下来很认真地看着我在笑,下一秒他的眼泪就不自觉地流了下来。他说这个笑容他梦里看见过很多次,那一刻有现实和梦里重合的感动。

我每次问他:"这五年你怕了吗?痛不痛了?"他的眼泪

也会一言不发地掉下来。我从来只在这种时刻见到他哭，感觉自己有点变态，竟然喜欢看他为我落泪。不过这也说明我是他的软肋，我终于有安全感了。

在大理的十天，我们还一起意外地经历了地震、彩虹、暴雨。十天里有十个主题，其中有一天主题是100块，我们就把一张100元换成10张十块钱，今天的任务就是花完这100元。10元在大理可以买束花，喝一杯咖啡，吃一顿素菜斋饭……我们互相解锁了很多有趣的生命体验。我们之间可以像孩子一样坦诚地相处，熟悉和喜欢对方的每一个优点缺点。他不再束缚我的自由，而是放手让我继续实现自己。那一刻我忽然明白到：两个人在对的时间相遇是多么的重要！我们简直是用两个不同的版本相爱了两次。

离开大理后，他忽然寄了一本书到上海，是我一直想看的《百年孤独》。那天我打开书，看到他在扉页写了这么一句话："重要的不是书的内容，而是书名。五年里，我对你的思念，就仿佛自己已经孤独了一百年。"

我们复合后，他也被我的"热爱变现"的创意思维深深感染。以前他总说不相信世上会有一份自己真正热爱的工作，遇见我后，我帮他快速发掘了职业优势，现在他真的有一份自己擅长并充满意义感的高薪职场工作，他是"在工作里找到热爱"的那类人。

某一天在回家的车上，夜色里，他忽然转头对我说："你改变了我的命运。"我说："你也改变了我的命运。"

他没有束缚我的自由生长，反而竭尽所能为我的梦想遮风挡雨。我多么庆幸自己找到了一位互相契合的人生伴侣呀！

他说以前我是他的风筝，总想用一根线拴着才好。而现在我是他的孔明灯，我是自由而闪着光的。他还总是和我打趣说："我爱上了一个一点都不会让自己吃亏的女孩，因为自己曾经暗恋了我四年，就让我追忆了她五年才能够重归于好。"

微信备注里，我给他的备注是一句情话"我爱你"，这个备注可以提醒我要记得经常和他表达自己的爱意，他给我的微信备注是"一生所爱"，通信录备注是：紫霞。

"你为什么这么喜欢我啊？"我问。

"谁让你长着我喜欢的模样，还有我喜欢的性格。"他说。

原来真正相互惦记的人，是不会错过的。注定会在一起的人终究会在一起，无论怎么背道而驰，兜兜转转后还是会重新相遇。

我曾经深深暗恋的人，变成了我的初恋。分手五年后，24 岁时又再一次坠入爱河。这就是我们的故事。

参考文献

［1］李欣频 . 十四堂人生创意课［M］. 北京：电子工业出版社，2008.

［2］王潇 . 五种时间［M］. 北京：中信出版集团，2020.

［3］夏尔·佩潘 . 自信的力量［M］. 南昌：江西人民出版社，2019.

［4］克莱顿·克里斯坦森 . 你要如何衡量你的人生［M］. 长春：吉林出版集团，2013.

［5］米哈里·契克森米哈赖 . 心流［M］. 北京：中信出版社，2017.

［6］桦泽紫苑 . 为什么精英都是时间控［M］. 长沙：湖南文艺出版社，2018.

［7］杰克·特劳特 . 定位［M］. 北京：机械工业出版社，2011.

［8］骆以军 . 故事便利店［M］. 郑州：河南文艺出版社，2022.

［9］博多·舍费尔 . 小狗钱钱［M］. 北京：中信出版集团，2021.

［10］露西亚·伯林 . 清洁女工手册［M］. 北京：北京十月文艺出版社，2021.

［11］米奇·阿尔博姆 . 相约星期二［M］. 上海：上海译文出版社，2007.

我的养分（致谢）

感谢我的父母生我养我，感谢你们给予我的生命。如果没有你们，我在这世间所体验到的一切都将不复存在。

谢谢你们身体健康，给了我安心和无限的爱。在最难的时候，也有精神的避风港，在最孤单的时候，也能记起这世间总有人在爱我。

感谢我的爱人林Sir，是你鼓励我衷于梦想。能拥有你这样的灵魂伴侣，是我这一生最大的快乐。

感谢我的天使投资人徐总，如果当初没有您，我可能到现在都不知道自己要做什么，要成为一个什么样的人。我从来没有怀疑过，是您点亮了我的梦想。

感谢我的缪斯朋友们，在我陷入创作瓶颈期的时候，无私地给予我灵感、友谊和欢乐。只有和喜欢的朋友在一起，我才能感觉到自己的天赋。

感谢上海交通大学出版社的编辑张勇老师。能够出一本书是我一直以来的梦想，谢谢你帮我实现了它。你总是给我你所有最宝贵的建议，在我完成初稿后，耐心帮我梳理这本书的骨架，才让这本书有了立起来的灵魂。我们还围绕这本书开发了"梦想出品人"的商业创意，让读者登上新书封面成为出品人，一本 38 元的书也能变现 5 位数，这份创意同样给其他作者们带来了新的启发。没有哪个编辑能像你这样和我在热爱变现上如此聊得来的了，谢谢你不计回报地给予我极大的信心和鼓励，让我相信自己一直在做的事是有价值的。

记得那天拿到出版合同的时候，我开心地惊叫起来，像在做梦一般！我居然真的要出一本书了！谁能想到，在这之前我把书稿投递给二十多家出版社，都石沉大海，杳无音讯，而就在我灰心丧气，差点放弃的时候，是上海交通大学出版社接受了我的稿件。

正如两年前我没想到自己第一次登上 TED 的演讲场地，居然是在上海交通大学。很多命运的巧合，我更愿意相信是冥冥之中的安排。好的事情，是需要等待的。

我出书的初心，原本是想写一本关于《一百种生活》的故事书，记录自己这几年和当地人生活旅行的所见所闻，没想到自己磕磕绊绊地艰难写完了大纲后，居然不知道要如何继续写下去了，因为实在很难再回忆起曾经拍摄的场景和那时的环境细节，写这一类的情节其实并不是我的文字优势。后来，上海交大出版社的编辑老师们帮我重新梳理了定位，我才从这一路的创作中发现了自己真正的核心价值，那就是聚焦热爱变现的故事。

神奇的是，当我重新聚焦在"热爱变现"的点上继续动笔时，我的思绪如打开的水龙头般流畅无比！我在写作中也时常进入心流，越发觉得每一个字都是从心底里吐露出来似的。我才意识到写一本书也需要找对方向，任何事都是如此，我们的人生更是如此。如果方向错了，再努力都很难抵达目的地。但你一旦找到自己真正的定位，你会发现所有的经历和身边的人，都在带领你前往真正的目的地。

同时，也要感谢在我追梦路上，无偿和我合作的摄影师们。是你们，在我最无助的时候，向我伸出了援手，帮助我完成了梦想：

《第一季：住进世界特色民居，和当地人生活在一起》

第1～4期：手持最稳的纪录片大神 @ 杨宇

第5期：努力攒作品的阿振

第6期：随时随地在记录的朱奕承

第7～8期：永不放弃的公子伊（这两期是自己拍的）

第9期：喜欢蓝色镜头的蒙周周

第10期：作品上过电视的浩子哥

第11期：擅长胶片风的十八

第12期：镜头充满治愈感的东东

第13期：既爱赚钱也爱摄影的老赵

第14期：航拍简直赞爆表的阿龙

第15期：一个镜头也会耐心的多拍几条的奕然

第17期：热爱创作的婚礼摄影师 @ 林孔

第16、18期：热爱拍摄电影的朱文斌

《第二季：在魔都的 6 种生活方式》

第 19 期：第二次合作依然很愉快的老赵

第 20、23 期：想要成为视频导演的老王

第 21、22 期：最贴心和有耐心的 Double Four

第 24 期：幕后工作室团队

感谢《一百种生活》第一季的主人公们：

窑洞的贺爷爷贺奶奶、贺二叔、秀凤阿姨、彩虹猎人小丽、格格、田园荣哥、山野村夫强哥、斯米兰船宿老板 Frank、潜水教练 Nina、大理房东 Song 和她可爱的混血宝宝们、Sam 一家人、土楼黄阿姨、左情哥、林岚、张叔、黄阿姨、阿苏、萧岩、柚子、碧春、陨石哥等。

感谢第二季魔都系列的主人公们：

浪漫油画家 @ 平、老洋房文化传播者 @ 郑老师、滴滴师傅们、法国人 Oscar、贵人粟先生、我的幕后工作室等。

感谢你们对我的友好和信任，让我能够走进你们的生活，将这些美好分享给更多人。因为你们的故事，我才能在体验不同生活的过程中，真正明白了自己的使命是帮助更多人像你们一样，创造出喜欢的生活方式，实现自己的梦想。

感谢我的第二故乡上海，是你给了我无限的眼界、包容、人脉和智慧，让我觉得自己还可以更谦卑和上进。当我张开双臂走在街上时，生活的无数种可能扑面而来。

有人说："我们张开双臂，去面对这个世界的时候，并

不是要向这个世界要什么。而是我敞开自己，看看有什么东西来到我身边。"

　　谢谢每一位正在看这本书的读者，感谢你来到我的世界。愿我们都能被热爱，点亮这仅有一次的美好人生。